AF449936

# Amato Russomanno

# Esencialidad

Statale34

Título | **Esencialidad**
Autor | **Amato Russomanno**
Imagen de la portada | **Chiara Russomanno**
Traducción del Italiano | **Laura Russomanno**

ISBN | 9788892606432



Youcanprint *Self-Publishing*
Via Roma, 73 - 73039 Tricase (LE) - Italy
www.youcanprint.it
info@youcanprint.it

*Correo electrónico del autor:* **amatorussomanno@alice.it**
*Sitio web:* **www.statale34.it**

# *Dedicatoria*

*Este pequeño libro está dedicado a las madres.*

Ellas viven la esencialidad de manera profunda y total.
Lo hacen también cuando no saben definirla, no saben lo que es, y ignoran hasta el significado del término esencialidad.

En un sentido màs amplio es madre la que o el que colabora en el nacimiento de la vida ofreciendose como instrumento para la tarea, sublime y extraordinaria, *de dar a luz.*

Cada vez que nace una planta, un animal, un hombre… una poesía, una música… cada vez que lo nuevo se manifiesta en el mundo allí… **hay una madre**.

La esencialidad de la madre se expresa en sintonía y en unión con la Naturaleza, o como otras personas prefieren decir, con Dios. Consiste en el ser uno con ella o él, en aquella función creativa, gobernada por la inteligencia y por el amor, que es propia del Conjunto que a todo el mundo contiene y que nos hace vivir.

### *Madre significa Creación*

Es suficiente mirarse alrededor para comprender que la Vida es madre de si misma, porque, creando sin parar, continuamente se regenera.
Incluso el planeta que nos acoge es una madre.
Nos lo revela la profunda escucha interior de esta secuencia de sonidos, verdadero y propio fragmento musical de seis notas:

*Mater… materia… materia… mi tierra… tierra… Tierra*

El sonido de las palabras nunca nos traiciona, y en él podemos siempre encomendarnos con plena confianza y seguridad.

Es porque *la palabra* es ella misma una madre.

Desde el momento en que es pronunciada, la palabra deja de pertenecer al que la ha expresado. Deja de ser hija y se convierte inmediatamente madre, así que empieza a vagar en el mundo, generando la manifestación del significado que contiene.
Su sonido, resultado de la semilla que la ha generado y que la anima, alcanza cada aspecto de la realidad, que resuona a su vez, según su propio estado y según sus posibilidades.


*Una dedicatoria individual querría hacerla a algunas personas que para mí han sido madres, en el sentido de que han hecho nacer algo nuevo e importante en mi vida.*

*A Beatrice, para todos Bice*
*... sin ella, su estimulo y sus consejos, este libro, no habría nacido nunca*

*A mi mujer Cati*
*... sin ella, no habría nacido nunca el amor y ahora no estarían mis hijas Francesca, Laura y Chiara*

*A mi madre Tarcisia*
*... sin ella no habría nacido nunca y tampoco mi hermana Maria Grazia y ahora no estaria mi sobrina Valentina*

# *Agradecimiento*

El texto de este libro es el resultado de las reuniónes que durante los últimos quince años he mantenido con las personas de cada origen.

Reuniónes siempre animadas por la búsqueda de la verdad y por el deseo de comprender la vida, sus lógicas misteriosas y el dibujo que enlanza en el profundo todo lo que en la superficie aparece separado.
Este propósito compartido ha creado dentro de los participantes, momentitos de afinidad y de íntimo contacto, permitiendo les de intuir un poquito mejor, el sentido y la importancia de lo que llamamos *humanidad.*

El número de estas personas es verdaderamente muy grande, y es imposible citarlas a todas o simplemente recordarlas.
Muchísimos han llegado, muchos se han ido, poquitos se han quedado, ninguno ha vuelto.

*A todos ellos va mi profundo y sincero agradecimiento.*

Un agradecimiento especial, pero querría orientarlo a algunas personas a las cuales me une un sentimiento de verdadera amistad, de acuerdo sin palabras y de fraternidad fundado sobre un amor sólido, maduro y constante.

*Son los leales que se encuentran todavía commigo en la*

**Statale34**

*Nota del traductor: Statale34 es el nombre de una carretera*

# Capitulo 1

# *Al despertar*

# Al despertar

Por la mañana, el sonido del despertador nos acoge immersos en el sueño. Nos aleja del mundo interior de los sueños y nos empuja hacia el exterior de los eventos.

Lo hace bruscamente y mecánicamente.

Poco después entra en función la máquina de los procesos del vivir con sus automatismos y las apremiantes peticiónes.

Se completa así la separación del mundo interior, mientras

**el mundo exterior toma posesión del tiempo**

A lo largo de la jornada, el contacto con el mundo interior, siempre que se verifique, es raro y pasajero, y también el recuerdo de los sueños, incluso aquellos que en el duermevela habían aparecido lucidos, auténticos y reveladores, desaparece.

*Separados de nosotros mismos, vivimos consumiéndonos.*
Acumulamos cansancio, poco a poco, hasta que, por la noche, nos derrumbamos exhaustos. A ese punto

**el sueño y la quieta energía de la noche**
**se asumen la responsabilidad de la regeneración**

Mientras dormimos, es como si centenares de amigos y de fieles servidores se afanasen, en nosotros, para hacer limpieza, arrojando la basura de la inquietud y del ansia, echando a los intrusos, expulsando el veneno de las emociones negativas, de la maledicencia y de la guerra. Y asì,

**recreando el  equilibrio interior,**
**restablecen la vitalidad**

Fuerza y energía están disponibles a la madrugada del nuevo día que se nos ofrece con su arcoiris de posibilidades.

Es importante, entonces, conseguir coger al menos una, así que el nuevo día sea verdaderamente nuevo, y

**el alba se transforme, no solo en el renacimiento del sol,
sino también en el renacimiento de nosotros mismos**

Lo más común, al despertar, es sin embargo ser aspirados por el flujo mecánico de los eventos, quedando ciegos a lo nuevo e insensibles a la belleza de la vida, que es destronada por los hábitos de la supervivencia.

*Entonces la lucha reina soberana y no hay espacio para otras cosas.* Emociones negativas, lamento, juicio y otras expresiones non vitales y distructivas, hacen que la energía, regenerada por el sueño, se consuma casi instantaneamente.

Se retoma así la carrera hacia el cansancio que, por la noche, se concluirà dejándose atrás una jornada idéntica a aquella las que la han precedido.

Como se ve, la conciencia de si mismo está más despierta cuando el cuerpo duerme, y más dormida, cuando el cuerpo está despierto.

No debería absolutamente ser así, pero pasa, porque el sueño de la conciencia es un sueño innatural:

**un sueño hipnótico**

Estamos hipnotizados por la película transmitida en el mundo externo. Objetos, personas, lugares, situaciones y sucesos se subsiguen sin pausa, como imágenes en continuo movimiento. Nos alcanzan como impresiones sensoriales que, penetrando en nosotros, nos poseen y toman el control de nuestra vida.

Eso sucede propio porque hemos perdido el contacto con la interioridad y la  esencia, así que

**separados por el ser,<br>somos atropellados por el devenir**

Es una distorsión del vivir que se verifica cuando el hombre está despierto, pero la conciencia está dormida.
Sin embargo, si la conciencia se despierta, la distorsión desaparece y

**el ser se expresa en el devenir**

De hecho, en términos generales,

**el devenir no es otra cosa que el ser<br>que se despliega en el tiempo**

Si el contacto con el mundo interior no se interrumpiese, nosotros estariamos presentes en nosotros mismos y la conciencia, parcialmente despierta en el sueño, lo estaria mucho màs cuando el mundo le ofrece el alimento de la experiencia.
Vería, en las informaciones que le llegan por los sentidos,

**los ingredientes para utilizar<br>en la construcción del sentido de la vida**

Al contrario, *cuando el contacto con el mundo interior está ausente, también nosotros estamos ausentes.*
Las impresiones sensoriales llegan de todas formas, pero no hay nadie que las utilice y que les atribuya a ellos un significado y una función. Así

**ocupan espacio mental,<br>nos invaden, y en lugar de servirnos,<br>nos someten**

*Los sentidos del hombre ausente pierden el significado y su función.*

Su tarea sería la de recoger los datos y someterlos a la criba de la conciencia, pero si esa está dormida, la puerta está abierta, y cada acceso está automáticamente autorizado. Los sentidos, siendo aberturas sin filtro por las cuales entra de todo, se convierten en verdaderas y propias brechas en la integridad del hombre.

Es éste el estado del sueño hipnótico en el que la vida se empobrece hasta convertirse en supervivencia: condición en la que no hay amor, alegría, voluntad, creatividad, unidad, sino solo división, separación, fragmentación, mecanicidad, inquietud, necesidad y miedo.

### *Así la vida no puede ser más creada, sino solo sufrida*

*He aquí entonces que el camino para volver de la supervivencia a la vida puede empezar justo en el momento del despertar.*

En el sueño, la conciencia de si mismo vive totalmente en la interioridad, y es solo una. Es necesario que esta unión no se disgregue pasando por el proceso del despertar.
La atención en el exterior no tiene que sustituirse por aquella interior, usurpando el lugar y la función, sino acercarla y unirse con ella en comunión armónica de funciónes complementarias.

Es útil, en el momento del despertar, tomarse tiempo y atención, retrasando en la percepción del interior, y escuchándose y preservando la energía interior, en cantidad y en calidad.
Es una energía pura que brota desde lo profundo y crea una

**atmósfera interior,
de naturaleza esencial, rica de vida**

Es una atmósfera diferente para cada uno, pero contiene, a menudo en abundancia, aptitudes positivas y preciosas para la vida, como calor, fuerza, confianza, motivación, coraje, iniciativa, empuje creativo, acogida, tolerancia, bondad, gratitud, amor, paz.

Solo después, con calma y paciente gradualidad, es oportuno abrirse al mundo externo. Se trata de un paso delicado, en el que es necesario que nuestra atención, siempre dirigida a lo externo, esté en comunicación con la atmósfera interior. Desde el momento en el que tenemos un éxito hacer eso, no es difícil darnos cuenta de que se ha producido una atención nueva más brillante y profunda, que contiene una *atención a la atención.*

Se trata de una **atención global** que, sin perderse, se subdivide y se bifurca en dos direcciones: el interior y el exterior.
Quedandose una, se dirige y se aplica, al mismo tiempo, a dos realidades distintas.

**En la atención global,**
**la interioridad y la exterioridad se unen,**
**y el hombre adquiere una percepción unitaria de si mismo**
**y dcl mundo que le rodea**

Se percibe a si mismo, al mundo, y a si mismo en el mundo.

Entonces ya no ve una amenaza, sino la realidad benévola que lo coge en el seno y lo custodia: la entidad viviente hacia la que èl, concibe y percibe, estar intimamente unido.

*En ese momento vive si mismo como parte de todo.*

Se da cuenta de que el universo infinito que un tiempo temía que lo aplastase con su tamaño, en realidad, lo nutre con amor.

Además lo sostiene, con una inteligencia sin igual, momento por momento, en todos los aspectos de la vida, incluidos los más insignificantes.

Cuando eso sucede, el hombre ya no se siente separado y, en ese momento,

**se desvanece el miedo y nace la confiaza
o, como algunos dicen, la fe**

*En todo eso se acompaña un sentido de paz.*

En esta dimensión de unidad y de integridad, el ser umano tiene una energía estable que se custodia y continuamente se acrecienta.

Además poseé un *yo permanente* que lo hace capaz de

**recoger las experiencias del mundo,
sacando partido y enseñanza
de todo lo que sucede**

Este *yo permanente y presente* observa, como ya se ha dicho, tres realidades fundidas juntas: a sí mismo, el mundo externo, y a sí mismo mientras observa el mundo externo.

De esa manera asume la función de

**un observador que ve todo desde el alto
y no está arrollado por los eventos**

Es una condición llamada de muchas maneras por diferentes culturas: vigilancia, autoconciencia, presencia, observador, integridad, recuerdo de sí mismo, vacuidad, desapego… etc.

Lo que cuenta es que ella tenga que ver con una más elevada calidad de vivir, tanto que a veces, y en contextos muy diferentes, ha sido descrita como la **verdadera Vida**.

# *Conclusión*

Nos hemos dedicado a la *magia del alba*, significa la posibilidad
de

**poner a fruto la proximidad en la vida
que se crea espontánea, al despertar,
bajo la influencia de la salida del sol**

Para recoger prácticamente y realmente esta posibilidad, se
necesita construirse algunos instrumentos de trabajo simples,
claros, y concretos: pequeñas reglas de comportamiento cotidiano
que, al principio será inevitable olvidar o transgredir, pero que
después, perseverando, se consolidarán y funcionarán, dándonos
sus regalos valiosos.

Elaborar estos instrumentos es una tarea individual, sin embargo,
para no dejar el discurso colgado, analizaremos con detalle el
instrumento fundamental, ya en buena parte descrito, que consiste
en *preservar la vitalidad*.

Para los instrumentos sucesivos, o avanzados, nos limitaremos a
indicar *lineas guía y sugerencias*.

# Preservar la vitalidad

Este instrumento prefija preservar la vitalidad presente en nosotros en el momento del despertar, no dispersando la atmósfera interior y las aptitudes, vitales y consructivas, que ella contiene. Esto consiste en practicar simples comportamientos durante tres momentos: *al despertar, durante el curso de la jornada, por la noche antes de dormir.*

## Al despertar:

*- mantener el contacto con el mundo interior también haciendo lo que se tiene que hacer*

*- mantener la percepción de la vibración y de la atmósfera interior así que se  disponga de una energía estable*

## Durante la jornada:

*- mantener activo el observador y no ceder el propio poder a los eventos, sino  conservarlo gracias a la visón desde el alto*

*- utilizar estrategias para despertar el observador cuando se duerme y para restablecer el contacto con el mundo interior cuando se pierde*

## Por la noche antes de dormir:

*- renovar la confianza en el futuro*

Aunque si por la noche nos sentimos cansados, porque los eventos de la jornada han hecho de todo para arrollarnos, y sentimos un sentido de fracaso por no haber alcanzado tener fe en nuestros propósitos, es importante tener presente y renovar la idea de que

### *nada está perdido*

De hecho, por la noche, nuestra máquina biológica será devuelta a las condiciones iniciales.

Recibirá, un reinicio, un impulso de renovación, un *reset*, así que al día siguiente, al levantarse el sol, existirá un nuevo inicio, y todo será todavía posible.

Por eso es importante dormirnos llevando con nosotros la confianza y el propósito que, en al alba del nuevo día, cogeremos las posibilidades que nos ofreceran, y no importa si el día antes no lo hemos alcanzado.

A esta finalidad es útil haber siempre presente la importante igualdad:

*alba = nuevo inicio = todas las posibilidades intactas*

# Lineas guía y sugerencias

Presupondremos que lo que el instrumento fundamental haya sido practicado de manera constante, hasta llegar a ser una modalidad de funcionamiento permanente, una actidud cristalizada.
Nos estamos así en posesión de una vitalidad notable, de una gran energía y de importantes actitudes constructivas.

*Es un resultado importante, a codición de que sepamos como utilizarlo.* De hecho, como sucede en cada proceso de la vida,

**el final es un nuevo inicio,
y la llegada es una partida**

Entonces es necesaria una finalidad, un intento, un valor, al que aspiramos y que tenemos la constante voluntad de perseguir.
Eso llega a ser el destino de nuestro próximo viaje, y el nuevo significado del que empieza a enriquecerse y a colorearse, nuestra vida.

Los intentos posibles son muchísimos, cambian de individuo a individuo y pueden pertenecer a escaleras de valor muy diferentes. Por ejemplo: ser felices, encontrar el amor, ganar mucho dinero, escribir un libro, perder diez quilos… etc.
Es por eso que el tema de los instrumentos avanzados asume carácter individual y tiene que ser calibrado sobre la persona.
Sin embargo existe un importante aspecto común:

**ninguna finalidad es realizable
sin el control de si mismos**

Esa es la premisa indispensable para la consecución de qualquier objetivo y para el éxito de cualquier acción.

**Adquirir el control de si mismos es el propósito primario en la base  de  cualquier otro propósito**

Por eso, antes de nada, nos dedicaremos a llegar a ser dueños de nosotros mismos.

*¿Qué es exactamente el dominio de si mismo?*

**El dominio de si mismo es la capacidad permanente de cumplir acciones intencionales**

Claramente nada asegura que las acciones intencionales produzcan el resultado querido, que también depende de factores imprevisibles. Estas, simplemente aumentan la probabilidad de éxito que, en caso contrario, dependería exclusivamente de la casualidad.

**Las acciones intencionales son el instrumento para inducir la casualidad al ayudarnos a realizar nuestro destino**

Perseguir la intencionalidad de las acciones, produce en cada caso un resultado importante: la mejoria del conocimiento de si mismo, del dominio de si mismo, y de la propia  eficacia  en la vida.

*Dueño de si mismo, es el que posee la aptitud consolidada a cumplir acciones correspondientes a las propias intenciones, en cada circunstancia y en cada momento de la propia vida.*

Construir esta aptitud, es una tarea tan grande que nos parece imposible. Podríamos desanimarnos y rendirnos.

Sin embargo si consideramos la vida humana como una secuencia de días, de media 30.000, podemos comprender que para conseguir introducir algo nuevo en la vida es suficiente ser capaces de introducirla durante la jornada.

Para llegar a ser dueño de si mismo en la vida, es suficiente ser dueño de si mismo durante la jornada.

Saber vivir, significa cristalizar la aptitud en el saber vivir cada uno de los días.

También así, incluso considerando el lapso de tiempo de veinticuatro horas una dimensión con la que podemos concebir medirnos, el problema que hay que afrontar parece verdaderamente difícil.

He aquí que entonces nos viene a ayudar la sabiduría de **Lao Tzu** que afirma:

**el más grande de todos los problemas del mundo**
**podía ser resuelto cuando era pequeño**

Un problema es pequeño al inicio, cuando nace. El inicio de la jornada es el despertar, y sabemos que en ese momento cada posibilidad está abierta y nada está comprometido todavía.

Así somos capaces de responder a la pregunta mencionada antes:

*¿Cómo utilizar la riqueza que nos ofrece al despertar?*

Si queremos llegar a ser dueños de nosotros mismos y afrontar el problema cuando es pequeño, concluimos que se necesita  utilizar la vitalidad disponible al despertar, y la claridad que tenemos al resplandor del alba, con la finalidad de

**proyectar nuestra jornada**

Proyectar nuestra jornada significa, no solo redactar por la mañana una lista de las actividades a desarrollar, algo que mucha gente ya hace habitualmente, sino sobretodo,

**activar las aptidudes que gobernarán
el día que está naciendo**

Podemos, por ejemplo, decidir que nuestra jornada tiene que ser gobernada por una aptitud de paz, porque la paz es una dimensión de inatacabilidad y de fuerza interior, preciosa para la eficacia de nuestro comportamiento.

Entonces, al despertar, en la claridad y en la plenitud del contacto con nosotros mismos, activaremos *la aptitud de la paz.*
Esta está presente en nuestro mundo interior, como un vestido está en un armario; podremos elegirla y llevarla, como se hace con un traje, durante todo el curso de la jornada.

De hecho hay una ley de la vida para la que,

**un nuevo inicio
nace siempre en la interioridad**

Durante el día intentaremos mantener la aptitud elegida, y de reafirmarla continuamente, no cediendo a las tentaciones del conflicto y de la guerra, del lamento y de la maledicencia, de la complicidad y de la rebelión, del rechazo y de la huida y de todas las aptidudes que, contrarias a la paz, nos debilitarían inutilmente.

Además, a medida que consultaremos la lista de las cosas para hacer, nos acordaremos de emprenderlas con la actitud de paz, fuerza, y de confianza que hemos elegido y que deberà llegar a ser con el tiempo, el andamio de apoyo y el marco de referencia de cada pensamiento, emoción y acción.

Resumimos por tanto el recorrido  descrito.


## *Preservar la propia vitalidad*

- *por la mañana,* estando en comunicación con la interioridad

- *durante la jornada,* manteniendo activo al observador

- *por la noche,* renovando la confianza en el futuro

Una vez que este comportamiento habrá sido practicado constantemente, hasta llegar a ser un verdadero y propio estilo de vida, podremos ir a la fase siguiente, que es la de empezar a proyectar nuestra jornada.


## *Proyectar nuestra jornada*

Significa

- *compilar la lista* de las cosas que se eligen para hacer

- *ejecutarlas sucesivamente* operando los ajustes necesarios

- *activar y cultivar las aptitudes interiores* destinadas a gobernar la jornada  y cada actividad que en esa se desarolla

Cuando todo esto se realice, día tras día, cada vez más, en un continuo afinamiento del vivir, veremos atención, constancia y voluntad, florecer progresivamente en nuestra vida hasta la conquista del dominio de nosotros mismos.

## *El dominio de nosotros mismos*

Comprenderemos haberlo alcanzado cuando seamos concientes de *vivir totalmente sumergidos en el presente.*

Viviremos en la *gratitud* por el apoyo que el pasado nos ofrece y en la confianza en las donaciones que el futuro nos traerá.

*Estaremos en el presente porque hemos dejado de fugarnos a otra parte.*
Hay que comprender que el presente se desvanece, cada vez que uno se refugia en el pasado o que uno se proyecta en el futuro, y que el acercarse a uno de los dos, sucede por el rechazo del otro.
Es el *miedo del futuro* que nos empuja a negarlo y a refugiarnos en el pasado.
Es un *dolor del pasado* que, no aceptado porque no ha sido comprendido, renuova continuamente en nosotros el sufrimiento por lo que se ha quedado sin resolver. Para sustraernos de esto, recurrimos al poder de la imaginación y huimos a un futuro inexistente.En ambos casos  el presente se disipa y deja de existir.

*Un breve inciso sobre el dolor*

El dolor forma parte de la vida. Es un evento del presente y dura un tiempo limitado: el tiempo que sirve para su comprensión. Una vez comprendido, termina, porque ha hecho su deber, terminando con éxito la enseñanza que tenía que impartir.
Si es rechazado, el processo de la comprensión se bloquea, y el dolor se renueva, volviendo a proponer la lección no aprendida.
El rechazo de comprender el dolor, obstruye que este se vaya y hace que se prolongue de manera innatural y no necesaria.

Podriamos llamar *sufrimiento* a esta continuación artificial del dolor.

Un buen ejemplo es el de un hombre che recibe una bofetada.
El dolor de la bofetada recibida dura algunos minutos, pero el sufrimiento del que deriva puede durar decadas. Es porque la víctima ve, en lo sucedido, una injusticia que es imposible comprender y, por consiguiente, la rechaza.

**Es la naturaleza oscura del evento
que lo convierte en una injustizia
y le otorga un poder muy grande**

Si el agresor dijera: "Perdoname por la bofetada, te abía confundido con otra persona", en un istante, el sufimiento cesaría. Podemos concluir que

**el sufrimiento es la prolongación del dolor
que se produce rechazandolo**

Emerge con claridad la distinción de que

**el dolor es de la vida
el sufrimeinto es de la mente**

*El dolor está en el presente.*
Comprendiendolo, me quedo yo también en el presente, y veré el dolor extinguirse durante el tiempo necesario.
Después, por una ley de alternancia propia de la existencia, veré la alegria emerger y tomar el lugar del dolor.

*El rechazo del dolor, es la huida del presente.*
Por el rechazo entro en los mecanismos de negación de la mente que me llevan al pasado o al futuro.
Esta ajenidad de la vida es una condición infernal que puede durar largo tiempo. Dura hasta que dura el rechazo.

El hombre que vive en el presente está en la presencia, el hombre que vive en el pasado o en el futuro, está en la ausencia.
La presencia puede contener el dolor, pero tiene un carácter transitorio y termina; la ausencia está llena de un sufrimiento sin final. Este no cesa hasta cuando no sucede la vuelta al presente y a la vida real.

Volvamos al tema de la *huida desde el presente*, que sucede refugiándose en el pasado o huyendo al futuro.
Cuando esto sucede, el ser se interrumpe y se crea un vacío de existencia, una discontinuidad.
En este vacío del ser, toman vida las proyecciones.

Son los *fantasmas del pasado* o los *espectros del futuro* que, apoderándose de nuestra energía vital, se animan y viven una propia vida efímera y temporal.
Viven como parásitos a nuestro perjuicio, y nosotros, privados de nuestra energía vital y robados de nuestra verdadera vida, sobrevivimos.

*¿Cómo podemos vivir en el presente?*

Para que el presente exista, y nosotros podamos vivir plenamente, es necesario que el futuro y el pasado, se encuentren.
De hecho el presente es simplemente el punto de contacto de pasado y futuro.

Si ellos no se encuentran y no se tocan, el presente no existe.

Puesto que el presente del que estamos hablando es el nuestro, consigue que el encuentro tenga que suceder para nosotros y en nosotros mismos.

Pasado y futuro pueden encontrarse en nosotros mismos, si los aceptamos y los acogemos a ambos, pero no pueden si rechazamos a uno de los dos.
No puede producirse el encuentro si nos apegamos al pasado, porque tenemos miedo del futuro, o si huimos al futuro, porque queremos cancelar el pasado.

Si lo hacemos, pasado y futuro quedaran separados en nosotros mismos y perderemos, no solo el presente, sino incluso a nosotros mismos.

Por esta razón,

**el camino de la presencia
es
el camino de la aceptación**

Cuando la aceptación de la vida, en su totalidad, sucede en nosotros, inmediatamente pasado y futuro se tocan y nosotros caemos en el presente apenas encontrado.

*En este momento la verdadera Vida es restituida.*

De esta manera *bendecimos el pasado* que nos ha traido al presente y *estamos listos para acoger al futuro* que nos conducirá  hacia las próximas aventuras que la vida está creando para nosotros.

# *Reflexión final sobre la felicidad*

Existen muchos libros que prometen revelar el secreto de la felicidad. Estas pubicaciones se venden como rosquillas porque mucha gente espera adueñarse de un secreto escondido, que les permita encontrar la llave mágica de la felicidad.

Sin embargo no hay ningún secreto, más bién todo está muy claro y a la luz del sol.
Simplemente se trata de comprender que

**cada ser humano tiene una profundidad suya**

Esta profundidad, este entender profundo, coincide con lo que él es verdaderamente, más allá de la educación, de las costumbres, de los roles y de las convenciones sociales. Estamos hablando de su naturaleza essencial, que viene antes de las ideas que él tiene del mundo, e incluso de la idea y de la imagen que tiene de si mismo y que intenta incesantemente dar a las otras personas.

*La llave de la felicidad consiste en vivir en sintonía con la profundidad, manifestando el significado de la propia vida y las intenciones que ella contiene, para poder expresar, totalmente y simplemente lo que uno es.*

*¿Por qué entonces el ser humano está casi siempre infeliz?*

Porque, esta profundidad, él no la conoce y tampoco conoce las intenciones que ella contiene.

No sabe quién es, y no sabe lo qué quiere. No sabe porque vive y por tanto sobrevive. No hay felicidad en la supervivencia!

Se comprende bien la importancia de la sabiduría antigüa cuando afirma: *hombre, conócete a ti mismo.*
Eso equivale a decir: descubre quién eres, qué quieres y porque vives.

Pero, aunque el ser humano sepa lo que quiere, no podría realizarlo y experimentarlo, sin el dominio de si mismo.
Conocimiento de si mismo y dominio de si mismo son por consiguiente ambas indispensables para una vida feliz.

La felicidad no es de hecho algo que se compra, o que se obtiene instantaneamente con un golpe de varita mágica, sino el resultado de un proceso evolutivo que se construye gradualmente.

Existe un camino hacia la felicidad en el que esta se manifiesta y se realiza gradualmente, poquito a poco. Es un camino que se apoya sobre algunos pilares esenciales, dos tareas fundamentales, que tienen que ser cultivadas paralelamente y constantemente:

**el conocimiento de si mismo y el dominio de si mismo**

Cuanto más el ser humano avanza por este camino, más su miedo desaparece. Contemporáneamente él siente la vida fluir en si mismo con una plenitud cada vez mayor y con una aportación de energía, fuerza, paz, y alegría, antes desconocidas.

Es porque, en si mismo, al desaparecer el miedo, el amor ha vuelto a manifestarse más libremente y a desarrollar su tarea de manantial de vida. De hecho

**la tarea del amor
es la de infundir la vida
a todo con lo que entra en contacto**

# Capitulo 2

# *El amor
## *que infunde la vida*

# El amor
# que infunde la vida

*¿Cómo se hace para mantener las cosas juntas?*
*¿Cómo mantener vivo lo que para nosotros es importante?*
*¿Cómo preservar la vida que ya existe?*

Es una pregunta que se aplica a todo.

Suponed haber llegado a un resultado o a una situación que funciona, tiene importancia y os da satisfacción.

Puede ser una casa que se mantiene ordenada, un huerto que produce mucha verdura, una carrera en la que os sentís realizados, una relación sentimental que os satisface, una familia serena, una compañía de buenos amigos, una empresa que gana, un equipo que vence, un grupo de investigadores que hace descubrimientos importantes… todo lo que queráis.

Dado que la situación os satisface, seguramente querréis mejorarla ulteriormente, lo más posible.

Sin embargo, a menudo sucede que empeora, y puede empeorar hasta el punto que se destruye. ¿Por que?

**¿Cómo sucede que una situación se muere**
**aunque si queremos que viva y se desarrolle?**

Claramente existe la influencia de las circunstancias exteriores, pero hay una parte, a menudo muy grande, que depende de nosotros.

Es muy importante conocerla y comprender el funcionamiento.

De hecho, a diferencia de las circunstancias exteriores, ésta puede ser dirigida por la voluntad, a condición de que claramente se tenga conciencia y conocimiento.

Para profundizar son necesarias otras preguntas.

*¿De qué manera aquel resultado, que quisiera conservar y desarrollar, ha sido construido?*

*¿Qué es lo que le ha dado vida y todavía lo está manteniendo vivo?*

Si respondo a estas preguntas, sé responder también a las otras preguntas iniciales, porque está claro que, si dejo de nutrir aquel resultado con lo que lo ha creado y lo hace vivir, seguramente empezará a degradarse.

Tengo solo poco tiempo para volver a nutrirlo y, si no lo hago, se morirá. Es como un organismo que, sin comida, antes consume sus reservas, después se debilita y, por ultimo, se muere.

Es tan obvio que resulta banal.

En la chimenea, después de haberlo encendido, si no continúo a ponerle la leña, la llama disminuye hasta apagarse.

El huerto, después de haberlo realizado, si no continúo a cuidarlo y a tenerlo limpio, se llenará de malas hierbas, y no dará más hortalizas y se convertirá en un campo inculto.

La casa, después de haberla limpiado, aunque si no la ensucio porque me voy de vacaciones, a la vuelta la encuentro llena de polvo.

Los gastos, sin una disciplina y algunas estrategias orientadas a contenerlas, automáticamente aumentarán.

Las habilidades, sin el ejercicio y constante entrenamiento, llegaran a ser cada vez menos eficientes.

Las relaciones, si no cultivo ocasiones cada vez más profundas de intercambio, se consumirán y se producirá un alejamiento.

Llegamos a la inevitable conclusión de que

**cada situación, abandonada en si misma, se degrada**

Más precisamente, cada resultado es creado dando una atención y empieza a deteriorarse en cuanto aquella atención se retira.

*¿Pero por qué la atención es tan importante?*

Porque la atención no es más que el momento inicial de un acto de amor: es el inicio, pequeño e invisible, de un acto de amor.
En términos generales puedo decir que:

**hago vivir cuando doy el amor
y dejo morir cuando quito el amor que había dado**

*¿Por qué razón tendría que decidir quitar el amor que antes había decidido donar?*

Nadie lo decide: simplemente sucede, inconscientemente. Sucede sin voluntad, pero no sin responsabilidad. De hecho

**quitar el amor empieza con el quitar la atención**

así como dar el amor había empezado al sostenerla.

Quitar la atención, a su vez, empieza, silenciosamente e invisiblemente, desde pequeños pensamientos de separación que parecen inocentes, inocuos, insignificantes, y carentes de importancia.
Sin embargo son negativos y destructivos, porque extenden la precisa función de separar y crear divisiones, barreras, fracturas y conflictos.

La de dividir es una pequeña tentación, siempre presente en la mente, y está en el origen de los sufrimientos humanos.

*Diablo* deriva del griego *diabolos* y significa *lo que divide.*
Cuando tiene éxito, crea el infierno. Sin embargo, cuando la conciencia del ser humano, movida por el amor, reconstruye la unidad, entonces, el infierno se disipa y desvanece. Por eso

### el infierno es una ilusión de la mente

En si mismo carece de realidad, pero el sufrimiento que produce es absolutamente real. En otros términos es una *trampa diabólica.*

Los pensamientos de separación empiezan siempre con la palabra " yo ", y tienen el poder de alejarme de la importancia que quería cultivar. Me separan de aquel paraíso, al que había partecipado, amándolo de un gran amor, pero que ahora, sin el amor, se está inevitablemente disipando. De hecho, el amor o

### lo alimientas, y crece,

enriqueciendo todo lo que había dado vida, o

### dejas de alimentarlo, y disminuye,

dejando que lo que antes había vivificado, empiece a disgregarse. Es así, y es una ley del funcionamiento de la vida.

### El amor es la actidud a crear el movimiento

Es una fuerza que, unida a una intención, crea

### el flujo de perenne cambio
### que llamamos vida

*Dante Alighieri* habla de *amor que mueve al sol y a las otras estrellas*. De esa manera nos indica que

**el amor, no solo es la fuente de la vida,
sino también el apoyo**

El amor, no solo es la energía que crea la vida y la hace nacer, sino es también la energía que la sostiene y hace que siga viviendo.

Si aplicáis el amor en una posibilidad, esta se manifiesta en la realidad y nace a la vida, pero si en seguida lo quitáis, aquella vida se marchita, se muere y desaparece de la realidad.

**Dar vida a la posibilidad es la función del amor,**

y *no deberíamos nunca quitar el amor, si no queremos asistir a la muerte de lo que habíamos hecho nacer.*

Una *similitud con la física* puede facilitar  la comprensión.

*Una fuerza aplicada en un cuerpo le imprime una aceleración.*

Si la fuerza se quita removida, la aceleración se anula, y el cuerpo se mueve, por inercia, de movimiento rectilíneo uniforme.
Se mueve en linea recta, a velocidad constante, sin cambios.
Continua así hasta que no sobreviene una nueva fuerza.

*El amor aplicado a una situación, le infunde una nueva vida.*

Si quitamos el amor, la nueva vida cesa, y aquella situación  sigue existiendo en la supervivencia, que es inmutable repetición  de los esquemas del pasado, sin ninguna renovación.
Continua así hasta que no llega un nuevo amor.

*La bella durmiente en el bosque* es una preciosa fábula que expresa, de manera poética y simbólica, el concepto apenas expuesto.

*Una princesa yace dormida en el bosque a causa de un encantamiento. Durante muchos años, alrededor de ella transcurre la vida, se persiguen las albas y los crepúsculos, se alternan las estaciones, trinan los pájaros y juegan las ardillas. Ella yace ajena a esta belleza que vive alrededor.*

Es el tema del ser humano que, inmerso en un sueño hipnótico, es insensible a la vida, a la belleza y a las posibilidades que contiene.

*Pero, un día llega el amor.*
*Asume los hábitos de un príncipe azul que ve a la belladurmiente, se enamora de ella y le da un beso.*
*Aquel gesto libera del encantamiento la princesa, que se despierta, se acuerda de sus orígenes reales, y renace a la vida.*
*En la nueva vida, retoma su lugar en el mundo, unida con su esposo y amada por sus padres y sus súbditos.*
*Y desde ese día... todos vivieron felices y contentos.*

De hecho el amor une siempre lo que antes estaba dividido.

Lo último que hay que comprender, y es lo más importante, es que

**cuando hacemos vivir y crecer**
**algo fuera de nosotros,**
**hacemos vivir y crecer**
**también algo en nosotros**

Al contrario, cuando quitando el amor, dejamos morir algo fuera de nosotros; también en nosotros mismos, algo morirá.

**Haciendo vivir  nos hacemos vivir,
dejando morir nos dejamos morir**

Sobre este tema del morir y del dejar morir, *Marta Meideiros*, poetisa brasileña contemporánea, ha escrito una poesia muy bonita titulada *Muere lentamente*.

Cito los versos más estrechamente inherentes a nuestro tema: Ellos nos recuerdan que *estar vivos exige un esfuerzo* y que *la ardiente paciencia* es el camino que nos llevará a una vida feliz.

## *Muere lentamente*

Muere lentamente
quien se transforma en esclavo del hábito,
repitiendo cada día los mismos recorridos,
...
Muere lentamente quien evita una pasión,
...
Muere lentamente
quien es infeliz de su trabajo,
quien no arriesga la certeza para conseguir un sueño,
...
quien no encuentra gracia en si mismo.
...

Muere lentamente
quien abandona un proyecto
...
Evitemos la muerte en pequeñas dosis,
recordando siempre que estar vivo
exige un esfuerzo
...
Solo la ardiente paciencia
llevará la consecución de una espléndida felicidad.

Muere lentamente
quien abandona un proyecto

# Capitulo 3

# El conocimiento de si mismo

# El conocimiento de si mismo

*¿Cuánto me conozco ?*

Me conozco, tanto como las cosas que hago son las que quiero, y no me conozco, tanto como no son las que quiero, sino las que me sucede que hago.

La pregunta no es abstracta o filosofica: es concreta y directa.

Para responder sirve la observación sincera de mi mismo, de mi vida y de la manera en la que continuamente me muevo.

Si no me conozco, tampoco conozco mis acciones y entonces es muy difícil que estas produzcan el resultado querido.

Sin embargo, en este contexto, no estamos interesados en el resultado, sino en las acciones mismas, en su naturaleza, que puede probablemente, revelarnos algo de nosotros.

*¿ Las acciones que realizo corresponden a mi intento ?*
*¿ Estoy verdaderamente en sintonía con mi ser ?*
*¿ Me sucede que me arrepiento de mis acciones ?*

Claro, uno que se conoce, no se arrepiente.

Aunque si los eventos le muestran haber llevado a cabo una accion equivocada, no se arrepiente porque ha hecho lo que pensaba justo según su comprensión del momento. No se arrepentirá nunca si cada vez que hace algo, es exactamente lo que quería hacer.

Una persona así, gracias a los errores cometidos, llegará a ser consciente de sus propios límites y podrá superarlos, porque no vivirá los *dos grandes obstáculos en el cambio que son los sentimiento de culpa y la justificación.*

Sin embargo, si es la situación a llevarle la mano, y dirigiéndolo a una dirección indeseada, lo empuja a traicionarse a si mismo y a realizar acciones no queridas, entonces, probablemente tendrá mucho de lo que arrepentirse.

También así podrá aprender algunas cosas importantes.

La primera entre todas, el hecho de que el dominio de si mismo es una virtud que no le pertenece todavía.

Secundariamente que, incluso muchas otras capacidades que él se atribuye, no pueden pertenecerle completamente porque

**sin el dominio de si mismo,**
**ninguna capacidad puede existir completamente**

Entonces puede comprender que cada vez que se ha atribuido con seguridad una capacidad, se ha mentido a si mismo.
Y a medida que ha vivido la quiebra, puesto que consideraba cierta su capacidad, ha tenido que inculpar a las circunstancias o a otras personas. Y de esa manera ha mentido por segunda vez.
Lo peor es que ha perdido la ocasión para aprender de su fracaso.

De esta manera, ahora, puede darse cuenta de que ha llegado el momento de dejar de mentir, y que es mucho mejor intentar adquirir, antes, el conocimiento de si mismo, y después, el dominio de si mismo.

Otra lección que podrá aprender, es la de empezar a juzgar menos a las otras personas.

De hecho, si  no conociéndose, ha podido cumplir acciones que no correspondían a sus intenciones, eso ha pasado probablemente incluso a otras personas.

Los enemigos que ha encontrado, los ingratos que no le han correspondido, los arrogantes que le han humillado, los malos que le han herido, los monstruos que le han perseguido… quizás no sean todo eso… quizás sean solo personas que no se conocen: ¡exactamente como él !

Y así, al sentimiento de enemistad, podría sustituirse un sentimiento de comprensión. Para mucha gente es un camino difícil que requiere muchísimo tiempo y puede ser recorrido solo de manera gradual, a pequeñísimos pasos. Es a eso que *Jesus* se refiere con la frase: ***Amad vuestros enemigos.***

Es un deber posible porque

**los enemigos  son tales
solo en el interior de los esquemas limitados
de nuestra mente**

**Son enemigos según una representación de la realidad,
construida  en nosotros mismos
empezando por presupuestos, categorias y definiciónes
en los que hemos decidido creer
o en los que hemos sido educados a creer**

Y entonces, con mayor precisión, podemos concluir que

**los enemigos, nacen, existen y viven,
solo en el interior de un sistema de creencias**

Para comprender lo que es y como se forma un sistema de creencias, es necesario considerar algunos aspectos de funcionamiento de la mente humana.

*El ser humano se relaciona con el mundo a través de los sentidos.*

Gracias a ellos recibe información de lo que lo rodea.
La mente descodifica los datos sensoriales, los elabora y los utiliza para consruir *una representación de la realidad.*
Se trata de una interpretación, de *una hipótesis sobre la realidad que no puede, de ninguna manera, ser considerada la realidad.*

Muchísimos seres humanos no tienen en cuenta esta sutil, pero importantísima, distinción. Creen en lo que ven y solo en eso. No se dan cuenta de que cada uno ve solo lo que su mente está programada y predispuesta a ver. Nadie verá nunca algo que no puede concebir: la mirará, pero no la verá  o, aunque mirándola atentamente, verá otra cosa. Dicho simplemente:

**nosotros vemos cosas que otras personas no ven
y no vemos cosas que otras personas ven muy bien**

Es facilísimo, después, desmontar la presunción de la objetividad de la mente humana. Basta observar que la realidad es una, pero las interpretaciones que los hombres dan y onstruyen con sus mentes son innumerables: por consiguiente son interpretaciones incompletas y subjetivas.

A este punto es necesario introducir **la distinción entre conocimiento y creencia.**

**Un conocimiento es una hipótesis considerada verdadera, porque ha sido verificada.**

Se trata de un conocimiento subjetivo.
De hecho el sujeto que  ejecuta la verificación y decide el resultado, es él que ha decidido  lo que significa verificación.

46

De cualquier manera la comprenda, la verificación es importante porque es una acción concreta que tiene vínculos con la realidad y con el vivir, y que contiene siempre una experiencia.

Las verificaciones tienen una importancia real para el que las realiza ya que, gracias a las experiencias que comportan, él crece, progresa y desarrolla capacidades y potencialidades. No obstante eso, los conocimientos que obtiene, sólo pueden ser subjetivos.

*Digresión sobre el pensamiento científico.*
Cuando los hombres se encuentran, la subjetividad de sus conocimientos hace difícil la comprensión recíproca.Hay pocas referencias compartidas y no hay un lenguaje común.

Reina *una confusión de idiomas* que descende de las diferentes lecturas que ellos dan de la realidad.

Esta incomunicabilidad crea dificultad en la convivencia. Lo que ha empujado al ser humano a buscar un método para obtener conocimientos que se pudieran compartir, de manera que se permita el diálogo, la comprensión y la colaboración. Así fue inventado el método cientifíco. Este método funcióna  muy bien y alcanza, a menudo, las finalidades para las que ha sido pensado.

En particular, permite compartir algunos conocimientos, pero, en cambio, paga un precio muy alto, que es el de reducir su campo de investigación a una clase de fenómenos muy estrecha: los repetibles y reproducibles sin limite.

Pero ellos son una mínima parte de la vida, y así el amor, la belleza, el arte, la creatividad,  la alegría, la paz, la visión, el misterio… quedan, por definición,  fuera del campo de la ciencia.

Incluso la cosmología, que es el estudio del universo y se sirve de todos los conocimientos científicos existentes, no es una ciencia, porque el nacimiento y la evolución del universo, sucediendo una única vez, son irrepetibles.Tampoco la psicología, la medicina, la economía, y muchas otras  actividades humanas, pueden definirse ciencias. El metodo científico, por tanto, es capaz de explorar solo un fragmento pequeñísimo de la vida.

De verdad, la física en el 1900 ha sido profundamente sacudida en sus cimientos, y desde entonces ha intentado incesantemente desarrollar metodos y concepciones que la acercaran a la vida, tanto que ha acabado por reconocer a la conciencia un rol fundamental para la construcción de la realidad.

De cualquier manera la presente digresión se ha convertido en algo necesario para recordar que existen algunos conocimientos científicos objetivos, pero que, para la mayoría de los fenómenos de la vida, es todavía posible sólo un conocimiento subjetivo.

Abandonamos ahora el pequeño mundo de la ciencia, y volvamos al inmenso mundo de la vida, para proseguir con la distinción entre conocimiento y creencia.

## Una creencia es una hipótesis, considerada verdadera sin verificación alguna

La creencia no es, de ninguna manera, un conocimiento, no está conectada con la realidad, y no implica ninguna experiencia. Las causas desde las que traen origen las creencias son variadas y son todas reconducibles a malos funcionamientos de la mente humana como superficialidad, aproximación, influenciabilidad, pereza mental, tendencia al prejuicio, a la ilusión… etc.

Pero existe una causa muy difundida, que es sin duda la más importante, porque recubre un rol fundamental en la vida humana: *el miedo.*

El miedo es una emoción que produce un estado de grandísima incomodidad interna, para esquivar eso, la mente del ser humano se proyecta hacia el mundo exterior.

Más precisamente desvía la atención desde el interior y la dirige hacia el exterior proyectando el miedo a personas, eventos y situaciones. Esta proyección se expresa con juicios como pensamientos de negación y oposición que la mente empuña como si fueran armas.

Es fácil reconocer que


**muchas creencias no son más que
miedos disfrazados de certezas**

Operando una simplificación extrema, podemos afirmar:

$$conocimiento = amor$$
$$creencia = miedo$$

Para ser completa, esta simplificación tiene que incluir una segunda igualdad:

$$amor = abertura$$
$$miedo = bloqueo$$

Ahora sirve un breve esbozo a dos importantes modalidades con las que la mente elabora los contenidos de la memoria: las llamaremos **asociación** y **repetición**.
Gracias a la asociación, la mente coge los datos y los enlaza; por medio de la repetición, refuerza la conexión creada que, de esa manera, se vuelve más estable y se consolida.

Los conocimientos y las creencias son también datos contenidos en la memoria y como tales son tratados.
Por medio de la asociación, muchos conocimientos son acoplados en un conjunto que, con asociaciones sucesivas, se puede ampliar mucho.Esto, una vez consolidado gracias a la repetición, llega a ser un conjunto bien organizado y capaz de un funcionamiento orgánico.

A ese punto merece el nombre de **sistema de conocimientos**.

También las creencias, de la misma manera, pueden unirse  y dar vida a un **sistema  de creencias.**

**Un sistema tiene el encargo de arreglar y organizar los datos.**

Un sistema de conocimientos y de creencias es capaz de arreglar y encuadrar un grandísimo número de hechos, y por tanto funcionar de manera amplia, interpretando una parte muy extendida de la realidad.

**Sin embargo los sistemas de conocimientos y los sistemas de creencias, parecidos en la manera de actuar y poco distinguibles en la superficie, son absolutamente diferentes en la profundidad del significado y en los resultados que producen.**


Un sistema de conocimientos es un mundo abierto.
Un sistema de creencias es un mundo cerrado.

Un sistema de conocimientos quiere extenderse y, cuando encuentra *lo desconocido*, desea comprenderlo e incluirlo, porque ve en este una posibilidad.
Un sistema de creencias quiere conservarse inmutado y, cuando encuentra *lo desconocido*, desea excluirlo, porque ve en este una amenaza.

Un sistema de conocimientos quiere conocer cada vez más.
Un sistema de creencias ya sabe todo.

Un sistema de conocimientos tiende a la evolución.
Un sistema de creencias tiende a la involución.

Un sistema de conocimientos está animado por el amor y se extiende en la luz del conocimiento.
Un sistema de creencias está bloqueado por el miedo y se consume en la oscuridad de la ignorancia.

## Encuentro de sistemas  de conocimientos

En cuanto un sistema de conocimientos se tropieza con otro sistema de conocimientos, existe un encuentro. El encuentro puede contener malentendidos, dificuldades, y conflicto, pero ninguno de los dos sistemas se sentirá negado por el otro, más bien, puesto que ve en el otro una posibilidad de desarrollo, se sentirá afirmado y confirmado.
Así, ambos animados por el deseo de conocer y capaces de mediación, llegarán a fundirse en un único, más amplio, sistema de conocimientos.
Eso está caracterizado por conocimientos que van más allá de la suma de los dos sistemas y vivirá una nueva vida que supera la de cada uno de ellos.

## Enfrentamiento de sistemas de creencias

En cuanto un sistema de creencias se tropieza con otro sistema de creencias es enfrentamiento.
Cada sistema de creencias retiene a si mismo una realidad sólida, necesaria e irrebatible, en lugar de una de las tantas creaciones limitadas, producidas por el miedo.
Por esta razón ve en el otro, la propia negación.
Así, ambos, sintiéndose amenazados en su supervivencia,
llegarán a combatir una guerra sin tregua, hasta la completa destrucción de uno de los dos.

En el interior de un sistema  de conocimiento, hay un terreno de amor donde pueden arraigar las semillas de la amistad, así se *verán amigos aparecer por todos lados*.

En el interior de un sistema de creencias existe un terreno de miedo donde pueden arraigar las semillas de la enemistad, así se verán *enemigos salir de cualquier parte.*

**Sistema de conocimiento y sistema de creencia:
¿encuentro o enfrentamiento?**

Examinamos el caso de que entren en contacto un sistema de conocimientos y un sistema de creencias. *¿qué sucederá?*

El primero verá en el segundo una posibilidad, el segundo verá en el primero un enemigo. Es exactamente lo que uno se debe esperar según sus características. Pero ambos se darán cuenta de que estarán frente a una tarea extremadamente difícil.

*El sistema de credecimientos* piensarà que la guerra es muy dura y difícil a vencer, porque el enemigo es misterioso y se mueve sugún logicas incomprensible y modalidades imprevisibles.

*El sistema de conocimientos* pensará que construir el encuentro es dificilísimo porque la otra persona no permite ninguna posibilidad de contacto y continuamente destruye las que le son ofrecidas.

Con energía renovada, el sistema de conocimientos continuará a buscar el encuentro, mientras el sistema de creencias  continuará intentando desencadenar la guerra.
No habrá encuentro y el enfrentamiento estará siempre al acecho.

*No hay solución si no en una transformación.*

Es el encargo del sistema de conocimientos emprender la transformación, porque es el más grande que puede contener y comprender el más pequeño. Comenzará por consiguiente desde él mismo, aprendiendo a evitar continuamente la guerra y cultivando, al mismo tiempo, la aspiración a la paz.
Este ideal lo llevará a interrogarse sobre las causas  de la guerra y sobre las razones que obstruyen la paz.

Así intentará a comprender el sistema de creencias, su perspectiva y la realidad en la que vive y en la que se mueve.

Eso lo llevará a crecer en comprensión y compasión, hasta cuando se abrirá en si mismo la idea del bien común.

Esta idea puede perfeccionarse, y llegar a ser tan grande y potente, que incluirá en el bien común incluso quien se comporta como un enemigo.

Desde entonces las estrategias estarán orientadas, además del conservar la paz, también el abrir las puertas de la comunicación. Esto puede ser el principio del encuentro, del intercambio y de la recíproca comprensión. Haciendo todo eso

**el sistema de conocimientos
llega a ser también un sistema de pacificación**

El sistema de conocimientos, con la propia transformación y evolución, hace posible también la del sistema de creencias.

Es un argumento avanzado, muy amplio, delicado y importante para la vida de la humanidad, porque está enlazado con la naturaleza de la paz. Dedicarnos a ello nos llevará muy lejos.

Pero, puesto que he afrontado este tema en otro libro titulado *El estratega*, parteneciente como el presente, a la colección **Statale34,** sugiero la lectura a quien desee profundizar.

Aquí nos limitamos a observar que Jesús afirma (Mateo 5,9):

**Beatos  los pacificadores
porque serán llamados hijos de Diós**

indicándonos que la pacificación es un pasaje indispensable a lo largo  del camino de evolución que lleva de la pluralidad al uno.

No queria terminar estas consideraciónes sobre los sistemas de conocimiento y de creencia, sin hacer dos preguntas que me parecen muy importantes.

Nuestra tradición afirma que *la historia es maestra de la vida.*
Sin embargo, examinando la historia humana en cada época y bajo cualquier latitud, no parece fácil tener éxito al buscar enseñanzas profundas que traten de la vida.

Cuando estas enseñanzas existen, derivan de búsquedas y de lo vivido de los individuos, a menudo muy solitarios y meditativos, y no emergen seguramente por los comportamientos colectivos de la humanidad.

Al contrario existe un elemento, y diría uno solo, que se presenta de manera absolutamente constante en la historia de la humanidad, en cualquier época y en cualquier lugar, recubriendo siempre un rol fundamental en las vicisitudes humanas.

Es el elemento clave que dicta los tiempos, los ritmos, determina los escenarios, crea flujos y movimientos, estimula las transformaciones y se revela el protagonista absoluto de la historia humana.

**Este elemento
presente siempre por todos lados,
sin excepciones,
es la guerra.**

El estudio de la historia ha llevado a atribuir el inicio de las guerras a las causas más desesperadas y disparatadas: las injusticias sociales, la pobreza, las carestías, las migraciones, el racismo, la explotación, el deseo de conquista… etc.

Dentro de las causas, la económica ha sido retenida la más importante, porque la economía, regula la posesión, el movimiento y la  distribución de los recursos, de los bienes y de las  riquezas, incluida la comida.

*La guerra sería siempre el altercado para la posesión de algo.*

Todo justo, pero no es suficiente.
Las guerras son muchas, muy diferentes por duración, modalidad, extensión, contendientes, territorios y poblaciones implicadas, cantidades y calidades de las armas  utilizadas… etc.
A menudo son inútilmente crueles, a veces totalmente insensatas, y siempre  completamente inutiles.
Destruyen cada cosa y hacen sufrir a todos, incluidos los vencedores.

No raramente toman como pretexto motivaciones ideáles, como la  justicia y la igualdad, a veces toman las movidas por eventos insignificantes, otras veces se proponen realizar la paz, a menudo están descadenadas y combatidas en nombre y por voluntad de Diós.

Las explicaciones de los históricos son válidas, pero incompletas, porque no explican esta inmensa variedad y, sobretodo, dejan sin respuesta la pregunta fundamental:

**¿cuál es la causa profunda  de la guerra?**

*Cuanto tiene que ser grande la ignorancia que nosotros, los seres humanos, tenemos de nosotros mismos, si es verdad que durante miles de años de civilización, no obstante somos grandemente dotados de inteligencia, creatividad y voluntad, no hemos tenido éxito al dar una respuesta a este interrogativo!*

Por esta razón no ha sido posible, hasta ahora,

**salir
definitivamente
de la guerra y de la violencia**

Y aquí las preguntas que quería sugerir son dos:

*¿es la guerra siempre, en su nucleo esencial y profundo, un enfrentamiento de sistemas de creencias?*

*¿es cada violencia, grande o pequeña, individual o colectiva, originada siempre por un sistema de creencias?*

No son preguntas sin sentido visto que

**los sistemas de creencias nacen cuando el ser humano, poseído por el miedo, renuncia a la propia inteligencia y prefiere creer más bien que verificar**

Cuando el ser humano hace esto, llega a ser víctima de una ignorancia impregnada por el miedo que, cultivada y reafirmada, amplifica con desmesura sea el miedo que la ignorancia. Así,

**el ser humano, en vez de vivir,
combate**

Por otra parte existe una ecuación indiscutible que dice

**Miedo + Ignorancia = Violencia     →     Guerra**

y, reciprocamente,

**Amor + Conocimiento = Bondad     →     Paz**

*¿Pero, al final, qué quiere exactamente un sistema de creencias?*

El concepto que las guerras son combatidas para afirmar la posesión  de algo es ciertamente exacto, pero la idea que esto es exclusivamente materiál es limitativa.

Es verdad que la guerra busca a la posesión de territorios,  bienes, riquezas, pero eso es solo el aspecto superficial y visible.
Eso es la consecuencia de la voluntad de posesión de algo más fino, más importante, algo que es, al mismo tiempo, más profundo y más elevado.

Proprio esta *posesión del más profundo y del más elevado* constituye el objeto de la guerra dentro de los sistemas de creencias. De hecho

**un sistema  de creencias
afirma  la propia posesión de la verdad**

Un sistema de creencias retiene que la propia representación de la realidad es la Verdad: la única sola y absoluta Verdad.

Pretende entonces de las otras personas el total reconocimiento de esta Verdad y considera enemigos a los que no se lo ofrecen espontáneamente.

Puesto que entonces la Verdad debe prevalecer siempre, el sistema de creencias piensa que

**los enemigos
tienen que ser
combatidos, ganados  y  sometidos**

Un sistema de creencias, considerándose poseedor de la verdad, se atribuye el monopolio de las rapresentaciones de la realidad.

Por tanto, en los hechos y en la sustancia,

**un sistema de creencias
afirma el propio dominio sobre la realidad**

Si recordamos que dominio deriva de *Dominus* y que Dominus significa Señor, comprendemos que

**un sistema  de creencias
se considera el Señor del mundo
y quiere ser  reconocido como tal**

Parece claro porque dos sistemas de creencias no pueden absolutamente soportarse reciprocamente: *el poder absoluto puede ser de uno solo y no pueden estar dos Señores del mundo.*

Volvemos a la dimensión individual.

*¿Es posible transformar nuestros sistemas de creencias en sistemas de conocimientos?*

Si, y en eso consiste el camino de autoconocimiento, purificación, y autorealización que, en oriente, expresan con la máxima: *conócete a ti mismo, purifícate a ti mismo, realizate a ti mismo.*

Ante todo hay que comprender que, en la psique humana, casi siempre, coexisten sistemas de conocimientos y sistemas de creencias. Si existieran solo sistemas de conocimientos, el ser humano no tendría partes oscuras en la personalidad, y tampoco enemigos en la vida.
Si no es así, se vuelve importantísimo que él purifique la propia personalidad, transformando los sistemas de creencias en sistemas de conocimientos y trayendo así la paz a su existencia.

Para hacerlo tiene que limpiar el sistema de creencias de la parte oscura que contiene. Esta parte está compuesta por mentiras, egoismo, rabia, destrucción, violencia, guerra… pero el nucleo essencial desde lo que todo esto se origina, es el miedo.
Es de hecho el miedo que, si se proyecta al exterior, se expresa como violencia en el mundo, sin embargo si se queda en el interior, se expresa como violencia con respecto a sí mismos.
Una cosa no es mejor que la otra y ambas nos muestran que *el miedo es incompatible con la paz.* Por esta razón

**la clave de la  paz
es el  pasaje del miedo al amor**

De hecho el amor es el opuesto del miedo y es también la total curación de este. El miedo no puede coexistir con el amor.

Apenas el amor llega, el miedo desaparece, como desaparece la oscuridad al sobrevenir la luz.

Así, en términos prácticos, empezar a

**amar los propios enemigos
es el camino maestro del conocimiento,
la purificación y la realización de si mismos**

*¿Quieres saber lo cuanto poco que te conoces?*

*Mira cuantos enemigos tienes:*
cada enemigo es un aspecto de ti que no conoces que te oscurece.
*Mira cuantas certezas tienes:*
son los miedos que dominan tu vida y de las que nacen enemigos, conflictos y sufrimientos.
*Mira cuanto tu lectura de la vida está impregnada por cosas que desapruebas:*
corresponden a partes de ti mismo que no aceptas.
Las escondes y las haces invisibles por medio de tu sistema de creencias: así no te das la posibilidad de conocerlas.
Si tu las conocieras, las aceptarías;
si tu la aceptases, las amarías;
si tu las amaras, te amarías.

**Cada creencia que se transforma en conocimiento
es un enemigo que desaparece**

De hecho Jesús dice (Mateo 5,37):

**vuestra habla sea sí sí, no no,
el resto viene del maligno**

Es un perfecto elogio de la claridad y de la esencialidad.

Solo un ser humano con la personalidad purificada habla de manera esencial. El no tiene zonas oscuras en la personalidad, no ve enemigos y pronuncia solo palabras neutrales que no provocan la guerra. De hecho

**el maligno es nuestra parte oscura**

Es maligno porque introduce en nuestras palabras algo más que, carente de neutralidad y cargado de emoción negativa, estimula la reacción de los otros y crea el conflicto.

Un sistema de creencias no puede ser superado hasta que no es disipado todo el miedo que contiene.
Para hacer esto, tengo que coger cada una, pequeña, aparentemente insignificante, creencia y limpiarla.
Y puesto que a ensuciarla habia sido el miedo, para limpiarla sirve un acto de coraje que es la expresión del amor.
Este acto consiste en el desapegarme del único viejo punto de vista con el que me identifico y que me aprisiona, y acoger otros, muchos otros, verificándolos siempre.
Amplío así mis puntos de vista, mientras toda la rapresentación basada sobre el miedo se desploma y

**cada creencia es sustituida por un conocimiento**
**capaz de incluir**
**lo que antes la creencia excluía**

Si hago esto,

**mi mundo se amplía**
**y aquel enemigo que antes tenía que ser odiado y combatido,**
**ahora llega a ser un mi igual**

y entonces, puedo encontrarlo y comprenderlo.

Después de que el choque se ha transformado en un encuentro, podemos hasta llegar a ser amigos.

Es así que he alcanzado a amar a mis enemigos o, más precisamente, a mis ex-enemigos.

Sin embargo nada ha cambiado: ellos no han cambiado, la situación no ha cambiado, el mundo exterior y los eventos que suceden no han cambiado.

Lo que ha cambiado  es que

**mi sistema de creencias
ha llegado a ser un sistema de conocimientos**

Por tanto *amar a los enemigos* no es un acto de bondad y generosidad, un comportamiento loable, sino facultativo.

Es, sin embargo, un paso indispensable en el conocimiento de si mismos.

Es un acto de suprema inteligencia que produce la liberación del ser humano, el desarrollo del conocimiento y el crecimiento del ser.

Sin embargo no es un acto de volundad que se realiza en un instante con la fuerza, sino es un proceso que se conquista, paso a paso.

Empieza con el comprender, continua con una elección y después con acciones cultivadas con esfuerzo, paciencia  y perseverancia.

Al final se concluye con una nueva comprensión.

Resumiendo: *es un proceso evolutivo.*

Podemos por tanto parafrasear las palabras de Jesús de la siguiente manera:

**amad a vuestros enemigos
porque haciendo así,
adquirís la páz,**

**vuestro ser se extiende,**
**la vida  adquiere  importancia**
**y os volveis más felices**

Y así el *amar a los enemigos* no parece más la expresión  de un altruismo irrealizable, fanático y sin sentido, sino llega a ser la logica consecuencia de un egoismo sabio, inteligente e iluminado.

Más precisamente

**amar a los propios enemigos**
**es la perfecta fusión de altruismo y de egoismo**
**porque hace carentes de significado**
**las distinciones que dan origen a estos dos opuestos**

El desarrollo de la conciencia y el crecimiento del ser ocurren siempre así:

**dos opuestos inconciliables,**
**se unen y se anulan**

*la conciencia accede a un nivel más alto del ser donde existe una mayor comprensión, libertad, paz y amor.*

*La polaridad, disvelta, libera la energia que contenía, y la conciencia puede utilizarla para crear nuevas realidades  antes inconcebibles.*

Es importante comprender que el concepto de polaridad tiene validez general.

La polaridad es una situación en la que existen, solo y solamente, dos condiciones que se excluyen reciprocamente.

En un cierto instante se verifica o una u otra, nunca las dos contemporáneamente y nunca una tercera. La polaridad conserva siempre a si misma. Produce, como un péndulo, la continua oscilación de un polo a otro, pero nunca el cambio de la situación entera.
Para que el cambio pueda ocurir sirve una ayuda que venga del exterior, la aportación de una fuerza exterior.

Es importante comprender que el mantenimiento de la polaridad, con su continuo oscilar, reclama, el empleo de grandísimas cantidades de energía que estan bloqueadas y encarceladas en aquella condición.
Disolver la polaridad significa liberar la energía que esta contiene y hacerla disponible. Entonces puede ser utilizada de manera nueva. Un óptimo término para designar todo esto es *creatividad* o, desde otro punto de vista, *milagro*.

Este tema ha sido afrontado muchas veces por Jesús.
Lo encontramos recogido en todos los evangelios, pero de manera muy explícita, en el evangelio de Tomás.

***Evangelio de Tomás v.22***

...

*Cuando convirtáis de dos cosas en una unidad*
*y hagais el interior igual al exterior*
*y el exterior igual al interior*
*y el superior igual al inferior,*
*cuando hagais del hombre y de la mujer*
*un único ser*
*así que el hombre no sea sólo hombre*
*y la mujer no sea sólo la mujer,*
*cuando consideréis dos ojos como unidad de la vista*

*...*

*entonces encontraréis la entrada del Reino*

### *Evangelio  de Tomás v.48*

...

*Si dos personas hacen las paces entre ellos
en la misma casa
diran a la montaña: desplázate
y ésta se desplazará*

### *Evangelio de Tomás v.49*

...

*Beatos vosotros unificadores y elegidos
porque encontraréis la entrada del Reino,
dado que vosotros habéis salido de allí
y otra vez encontráis la entrada*

### *Evangelio de Tomás v.61*

...

*Cuando uno se une
se está lleno de vida,
cuando se está divididos
se está llenos de mál*

### *Evangelio de Tomás v.105*

...

*Cuando hagaís de los dos, uno
llegaréis a ser hijos del hombre,
y cuando  digaís: montaña desplázate
esta se desplazará*

*La polaridad en las partículas elementales*

Un buen ejemplo de polaridad nos es ofrecido por la física y sobre las partículas subatómicas.
Para cada tipo de partícula existe la correspondiente antipartícula. Por ejemplo al electrón corresponde el antielectrón.

En cuanto una partícula y su antipartícula se encuentran, se destruyen y sus masas se transforman totalmente en energía.
Este evento se llama ***aniquilación*** que significa *destrucción total,* desaparición completa y definitiva. En la aniquilación la energía se libera en forma de fotones. Fotones significa luz.

Si llamamos *pareja polar* el conjunto partícula-antipartícula, el todo se expresa diciendo que la aniquilación es la destrución de una pareja polar en la que se acompaña la emisión de luz.
Verdaderamente es una exposición simplificada. De hecho si hay suficiente energía, además de los fotones pueden producirse otras parejas polares que incluso ellas pueden aniquilarse emitiendo otros fotones. Entrar en estos detalles, recargaría inútilmente nuestro discurso sin añadir elementos significativos.

Para nosotros es suficiente decir que *las parejas polares pueden transformarse en luz y recíprocamente, la luz puede transformarse en parejas polares.*

Todo esto es sobre cada forma de polaridad y tiene una importancia general, que bien mas allà del ejemplo de las simples partículas, puede así expresarse

**cuando se desvanece la polaridad
aparece la luz;
cuando desaparece la luz
se crea la polaridad**

Así como la polaridad de las partículas determina los procesos de destrucción y creación de la materia, de la misma manera una polaridad cualquiera determina procesos de destrucción y costrucción propios del contexto en el que se manifiesta.

Por ejemplo una forma de polaridad es la guerra, y más en general el conflicto.
No importa si se trata de guerra militar, comercial, política, de religión o si se trata de conflicto interior, psicológico o interpersonal, lo importante es que se trate de polaridad.

*¿En la polaridad del conflicto, la luz que rapresenta?*

Desde la antigüedad la luz ha sido el símbolo de la conciencia y no es dificil ver cuanto esta intuición sea correcta.

De hecho el superamiento del conflicto aviene gracias a la abquisición de una nueva comprensión que nace de la fusion de conocimiento y amor.
A eso corresponde un más elevado estado de conciencia.

En contrario, a la perdida de conciencia se acompaña siempre el emerger del miedo y el difundirse de la ignorancia. A ellas sigue el nacimiento de nuevos conflictos.

Ahora podemos expresar en relación al conflicto y a la conciencia, cuanto dicho antes sobre la polaridad y la lúz:

**cuando se disuelve el conflicto**
**aparece la conciencia;**
**cuando desaparece la conciencia**
**se crea el conflicto**

*La Luz en la Creación*

Sobre el proceso de la creación, puede ser interesante recordar algunos pasos del prólogo en el Evangelio de Juan:

*Al principio era el Verbo,*
*y el Verbo estaba cerca de Dios*
*y el Verbo era Dios.*
*Él estaba al principio cerca de Dios*
*todo ha sido hecho por medio de él,*
*y sin él nada ha sido hecho de todo lo que existe*
*En él estaba la vida*
*y la vida era la luz de los hombres;*
*la luz resplandece en las tinieblas*
*...*
*Venía al mundo la verdadera luz,*
*la que ilumina cada ser humano.*

Está dicho claramente que todo lo que existe está hecho por medio del verbo y que el Verbo es la luz de los hombres, la luz que resplandece en las tinieblas, la luz vera que ilumina cada ser humano.
Por tanto

**todo está creado por medio de la luz**

La física moderna afirma que el espacio vacío está lleno de potenciales y que la realidad es creada y se manifiesta cuando los potenciales colapsan.

Luego afirma que lo que hace colapsar los potenciales, creando la realidad, es la conciencia.

Si se recuerda que la conciencia es la luz, entonces el círculo de la comprensión se cierra y todo coincide perfectamente.

El hecho de que *la sabiduría antigua y la ciencia moderna se acercan cada vez más, tendiendo a converger*, mientras los pocos verdaderos grandes científicos van cada vez más pareciendose a los grandes místicos visionarios del pasado, creo que *es una expléndida realidad* a la que, durante los años futuros, tendremos cada vez más la posibilidad de acostumbrarnos.

# Capitulo 4

# *La plenitud y la ausencia*

# La plenitud
# y la ausencia

A menudo el ser humano piensa en términos de ausencia porque en lugar de valorizar *lo que tiene*, enfatiza *lo que no tiene*.
Esto le lleva hacia la ilusión antes, y hacia la desilusión después.
De hecho está claro que

**con lo que no se tiene no se puede hacer nada**
**mientras**
**con lo que se tiene se puede hacer mucho**

Por esta razón, *lo que se tiene* es el punto de partida de cada *sano proyecto de vida real*.
Propio para llamar la atención sobre la importancia de lo que tenemos, Jesús narró la parábola de los talentos.
*Los talentos* eran monedas y *representan lo que tiene importancia*, sea que se trate de bienes materiales o espirituales.
Se refieren, por consiguiente, no solo a lo que tenemos, sino también a lo que somos.

Lo que Jesús nos ofrece es una enseñanza sobre la importancia de

**sacar provecho**
**de nuestro haber y de nuestro ser**

Aquí está lo que dice en síntesis:

*Un hombre a punto de partir confió sus propios talentos a sus siervos, de manera diferente según las capacidades de cada uno.*

*A la vuelta pidió cuenta de los talentos que había confiado.*
*El que había recibido cinco, los había investidos y había ganado
otros cinco; el que habia recibido dos, había ganado dos; el
último que había recibido un solo talento, cogido por el miedo
de perderlo, lo había enterrado.*
*El patrón lodó igualmente a los primeros dos que habían doblado
lo que habían recibido, pero reprendió de manera fuerte al siervo
que, por temor, no habia hecho fructificar su talento.*
*Se lo quitó y ordenó que le fuera dado al que tenía diez.*

La parábola termina con esta frase:
**"...a quien tiene será dado, a quien no tiene será quitado
incluso lo que tiene"**. (Mateo 25,29)

Si bien pueda resultar obscura en una primera lectura, dice
simplemente que quien reconoce sus talentos, y los hace
fructificar, verá los frutos multiplicarse, también de manera no
esperada.

Quien, sin embargo, por miedo **los esconde y se esconde**,
perdará, no solo el resultado, sino los mismos talentos.

Se aplica indiferentemente a capacidades personales y a bienes
materiales.
De hecho, cualquier capacidad, utilizada y practicada, se potencia
y se enriquece; inutilizada, se empobrece y se atrofia.
La teoria de la evolución dice: *si no lo utilizas lo pierdes.*
Incluida la riqueza material tiene que ser investida de nuevo con
la finalidad de mantener y aumentar su propia importancia.
Cada teoría económica dice: *si no lo inviestes, te empobreces.*

Lo que un ser humano ve, observando cualquier suceso, depende
de la manera en que lo interpreta, es decir  de la actitud hacia la
que se  acerca  a esto y lo lee.

Dos actitudes opuestas  de lectura de la vida son *el sentido de la plenitud* y *el sentido de la ausencia*. Los llamaremos sintéticamente **plentitud** y **ausencia** y intentaremos dar una definición.

**Plentitud** *es la actitud al pensar en términos de lo que existe y está disponible*

**Ausencia** *es la actitud al pensar en términos de lo que falta*

*La plenidud* es **una actidud vital**: **coge** *la vida que está* y **la utiliza para crear otra vida.**
*La ausencia* es **una actitud no vital**:  **coge** *la vida que está* y **la consume.**

Un sueño, creado en la plenidud, está vivo y llega a ser pronto un objetivo o un proyecto.
Un sueño, elaborado en la ausencia, está sin vida y se queda en un sueño estéril.
Así se crea una película, la película de la falta, que empezará automáticamente cada vez que el sujeto se siente incómodo.
Sumergido en la visión de la película, cambiarà la película con la realidad, sin poder ver las verdaderas oportunidades que la vida le ofrece.

Y de esta manera la falta vendrá continuamente reconfirmada.
En sustancia, lo que un sueño produce depende de la actitud del soñador:

**la ausencia transforma el sueño en necesidad,**
**la plenitud lo transforma en objetivo**

Y aquí el lenguaje especializado, elaborado por *G.I. Gurdjieff* en su sistema *El cuarto camino*, nos ofrece una valida ayuda.

Nos permite expresarnos de manera extremadamente sintética, afirmando que

**la ausencia  es la modalidad operativa
del centro de  gravedad,
la plenitud es la modalidad operativa
del centro magnético**

De hecho *el centro de gravedad se dedica a las necesidades, el centro magnético a los objetivos.*

*Gravedad* significa pesadez, y, por consiguiente, fatiga, impedimento, bloqueo e imposibilidad.
La pesadez es la dificultad del sujeto para salir de el mismo.
Es el bloqueo que lo lleva a derrumbarse a si mismo bajo el peso de sus propios límites y de sus propias necesidades y condicionamientos desde los que es incapaz de liberarse.

*Magnetismo* significa atracción, capacidad de atraer y de ser atraidos y, por tanto, movimiento, posibilidad y vida.
Es la apertura del sujeto al ver la posibilidad fuera de su pequeño mundo y la capacidad de hacer la elección valerosa de dirigirse hacia ella.  Es la disponibilidad para moverse hacia algo al que se atribuye una importancia y desde la que uno se siente atraido, y, al mismo tiempo, la capacidad de atraer las fuerzas que pueden ayudarnos a cultivar aquella posibilidad.

Por tanto la gravedad es separación  y  soledad;  el magnetismo es condivisión y agregación.

El magnetismo es la puerta que nos abre la posibilidad de amplificar nuestro mundo haciendonos pasar

**desde el yo al nosotros**

La gravedad está enlazada con el miedo, el magnetismo con el amor. Por otra parte

**la vida es como un coche:
el amor es el acelerador,
el miedo es el freno**

Ambos sirven para guiarla correctamente y moverse rápidamente sin arriesgar. Con el freno pisado no se va a ningún sitio, pero si en el momento justo no se frena, uno se hará mucho daño.

Todo lo que hemos dicho es importante no solo para el ser humano, sino para cualquier estructura organizada que funciona como un organismo viviente como por ejemplo un grupo de trabajo, una comunidad: también ellos poseen un centro magnético y un centro de gravedad.

En términos generales concluimos que, en un organismo viviente,

**el centro magnético crea la riqueza,
el centro de gravedad la gasta**

Por otra parte, también el dinero se gana para gastarlo, pero es gracias a un justo equilibrio entre ganar y gastar, que la supervivencia puede estar asegurada.

Similarmente para la vida.
Es la justa alquimia de objetivos y necesidades que permite a la vida continuar, renovarse, crecer, reproducirse y difundirse.

Volvamos al sueño.
Cada sueño, por el hecho mismo de existir, consume una cierta energía. Si se transforma en objetivo y llega a ser un proyecto que funciona, la energía se convierte en abundancia.

De hecho,  funcionando,  infunde vida todo alrededor y a lo que ha dado vida se la restituye multiplicada.

Al contrario, un sueño, que se vuelve necesidad, consume energía continuamente, y no hay nadie que se la restituya.
Por tanto

**en la plenidud,  la vida se  renueva,**
**y se extiende toda alrededor,**
**en la falta, la vida  se consume**
**y se extingue a si misma**


*¿De qué manera se consume?*

Se consume poquito a poco en la supervivencia, pero mucho más rápidamente si a las necesidades instintivas se añaden las necesidades proyectadas por la mente a causa de los miedos y de los deseos. Lo que consume rápidamente la vida es la falta que se vuelve necesidad, pretensión, desilusión, frustración, enfado, e infelicidad.
Es sobretodo la infelicidad  que, junto con el drama, cosume la vida rapidísimamente.

**Plenidud significa viaje hacia la vida,**
**falta, viaje hacia la muerte**

En el viaje habrá varias etapas, y los eventos podràn desarrollarse según guiones muy diferentes, pero *la naturaleza del viaje no depende de los eventos* y no depende del caso.

**La naturaleza del viaje**
**ya está escrita en la actitud**
**que lo gobierna**

De hecho, en general,

**el devenir es el desenrollarse del ser en el tiempo**

y, no obstante las maneras y los tiempos diferentes, lo que cada ser humano obtiene de la vida es un encuentro, más o menos profundo, con si mismo.

En extrema sintesis:

**cada uno obtiene siempre lo que es**

Pero la naturaleza del viaje puede, siempre, ser cambiada.
Para hacer eso, se necesita producir un cambio de actitud, después de un cambio del propio ser, de una verdadera y propia conversión.

**El cambio del ser**
**empieza siempre a través de una elección**
**realizada en la interioridad más profunda**


Se comprende porque la libertad de elección, o libre albedrío, es el regalo más grande concedido al ser humano.

Volvamos a la comparación entre plenitud y falta.

*La plenitud se expresa por objetivos y no por necesidades.*

Los objetivos pueden concernir al ser o al haber, pero en ambos casos tienen que hacer las comparaciones con una ley fundamental que dice:

**el dar y el recivir están siempre en equilibrio**

Esa, aplicada al haber, nos dice:

**para obtener lo que quieres  
tienes que dar lo que tienes**

mientras, aplicada al ser:

**para llegar a ser lo que deseas  
tienes que dar lo que eres**

*La falta se expresa por necesidades y es incapaz de elaborar objetivos.*

Está en el origen de cada visión victimista y, paradójicamente, es la causa  que obstruye a la vida entregar sus dones.
De hecho el que piensa siempre en términos de lo que no tiene, proyecta deseos y necesidades que querría ver inmediatamente satisfechos, sin comprender que no es posible.
*¿satisfechos por quien?* Lo unico que puede satisfacerlos es él mismo, pero, justo él no se dedica a eso porque, cultivando la falta, no posee  tampoco  un punto desde el que empezar y tampoco la paciencia necesaria para construir  la capacidad de recibir.

*El camino de la necesidad* es perdedor porque está hecho de sueños que no superan el confín de la mente y como mucho de la emoción.

*El camino del objetivo* es vencedor porque el sueño supera el límite de la mente, se pone emoción, motivación y, al final, acción.
Así penetra en la realidad como realización y desde allí atrae  lo que le es parecido para continuar juntos, con mayor vigor, la obra iniciada.

*El camino del objetivo reclama objetividad.*
Es un camino objetivo mientras el camino de la necesidad es puramente subjetivo y no penetra en la realidad sino hacia el lamento del indigente que contamina todo con lo que entra en contacto.

En la naturaleza, por ejemplo, no es suficiente ponerse delante de un trozo de tierra y decir *quiero algunos tomates*, sino que es necesario tener las semillas de los tomates, plantarlas después de haber preparado al  terreno, que crezcan las plantas, nutrirlas  y cuidarlas hasta que no den fruto.
Por tanto la semilla es indispensable ya que

**la semilla es el contenedor de la posibilidad**

Es necesario siempre empezar por la semilla para que la posibilidad se realice.

Cuando pretendemos algo, pero no plantamos la semilla, utilizamos una forma de arrogancia que, simplemente, no funciona.

Pensar en términos de falta, además, es dañino puesto que

**la falta es ella misma una semilla:**
**la semilla de una falta mucho más grande**

Si esta es nuestra actitud, nos conviene dar la vuelta y empezar a razonar en términos de plenitud.
Para hacer eso, aprendemos por la parábola de Jesús.

Miramos nuestra vida (lo que tenemos y lo que somos) y reconocemos lo que tiene importancia, reconocemos nuestros talentos.

Si no nos parece ver nada, insistimos al mirar con amor y paciencia y, si lo que conseguimos ver nos parece pequeño, pequeñísimo, o hasta insignificante, no importa: produzcámoslo.

Los frutos darán otros frutos y nadie puede decir cuantos y cuáles serán. De hecho

**"... a quien tiene será dado y estará en la abundancia"**

El realizar cada acción empezando por lo que ya hay y existe, es tan importante que lo tenía en cuenta hasta Jesús, que de milagros tenía una cierta experiencia.

De hecho en cuanto se trataba de saciar a 4000 personas, en primer lugar preguntó a sus discípulos:

*¿cuántos panes tenéis?*
*Le dijeron: siete.*
*Jesús ordenó a la muchedumbre de sentarse en el suelo.*
*Cogió entonces los siete panes, agradeció, los dividió y los dió a sus discípulos para que los distribuyesen; ellos los distribuyeron a la muchedumbre.*
*Habiá también poquitos pescados; pronunciada la bendición*
*sobre ellos, dijo que distribuyeran también aquellos.*
*Asì que ellos comieron y se saciaron; se llevaron siete bolsas de trozos restantes.*
*Eran más o menos cuatro mil. Y los despidió.   (Marcos 8,5)*

# Capitulo 5

# *Estar en la apertura*

# Estar en la apertura

*¿Estoy con una actitud de apertura?*

Es importante hacerse esta pregunta sobretodo si se desea aprender. Aprender reclama el contacto con lo nuevo, lo que hasta un momento antes era desconocido.
¿Como podrá lo ignoto penetrar en mí si mis puertas de acceso están bloqueadas?  No podrá, porque

**la  actitud  de cierre impide cada experiencia
incluso el aprendizaje**

¿A quién, antes de leer un libro, escuchar una musica, ver una pelicula, empezar un diálogo, encontrar a una persona, o afrontar una nueva experiencia, le ínteresa estár en una actitud de apertura? Casi á nadie, y es por eso que casi nadie vive experiencias profundas y  totalizantes. De esta manera

**el ser humano aprende por sus experiencias
y por su mismo vivir
un fruto mucho menor de lo que la vida le ofrece**

En práctica no vive verdaderamente.

Es a esto que se refiere ***Séneca*** cuando escribe a Lucilio: *veo a muchos seres humanos morirse antes de haber nacido.*

Significa que muchos seres humanos llegan al término de su vida biológica sin haber desarrollado un verdadero vivir, porque nunca han nacido verdaderamente.

Marcello Marchesi, hombre de espectáculo apreciado por su perspicacia decía: *lo importante es que la muerte nos coja vivos.*

Pienso que quisiera decir que no tenemos que tener miedo de la muerte física porque es parte integrante de la vida: *es el no vivir que tiene que preocuparnos.*

Desperdiciar la vida en el no vivir es mucho peor que morir después de haber vivido.

**Si el mañana nos encuentra exactamente  igual que ayer,
significa que hoy es un día sin vida,
un día estéril, perdido inútilmente**

*¿Ser o no ser?*

La pregunta de Hamlet puede ser así parafraseada:

*¿elijo que este día sea la evolución del ayer
o dejo que sea la fotocopia?*

En cada instante, desde ahora hasta el momento de nuestra muerte, está la posibilidad de renacimiento. Si la cogemos, y nacemos en la vida, no tendremos que morirnos más antes de haber nacido. Nos moriremos después haber conquistado una nueva vida, y por tanto, nos moriremos vivos.

*¿Que nos llevaremos cruzando el umbral de la muerte?*
Nada de lo que que teníamos, porque en aquel momento no tenemos nada más y también el cuerpo, ya incapaz de funcionar, no nos pertenece más.
*Llevaremos, entonces, esencialmente lo que somos.*
Más precisamente, llevaremos con nosotros, lo que hemos llegado a ser sobre el umbral de aquel pasaje.

Una buena explicación se encuentra en el capitulo 23 del evangelio de Luca donde Jesús está crucificado junto a dos ladrones. Los dos tienen en sus vidas un pasado  similar, pero viven en el presente de manera completamente  diferente.
Para ambos

**Jesús  es la nueva posibilidad
que se presenta al final de sus existencia**

El primero, la rechaza e insulta a Jesús.  Sin una renovación y un renacimiento, el presente se queda igual al pasado y él se morirá exactamente como ha vivido.

El segundo, sin embargo, concibe la posibilidad, la ve, la reconoce, la comprende y la coge. De esa manera produce el cambio.

De hecho dice: *Jesús, acuérdate de mi cuando entrarás a tu reino.*

Y Jesús: *De verdad te digo, hoy estarás commigo en el paraíso.*

El cambio lo lleva a un nuevo estado del ser que desde aquel momento le pertenecerá. Así transformado, nace en una nueva vida. Es una vida donde se une á Jesús que le confirma que, en aquel mismo día, estarán juntos en el paraíso. Esto significa que

**la muerte tiene poder sobre el cuerpo
pero no lo tiene para nada sobre el ser**

El cuerpo, muriendo, se disgrega, se disuelve en sus componentes y desaparece de la vista y de la vida.

**El ser  supera  la muerte  indemne,
sin sufrir discontinuidad ni cambio**

*El ser no se veia cuando habia vida, pero existía.*
*El ser no se ve después de la muerte, pero sigue existiendo.*

En el cruce del umbral, lo que está dividido está divididido, y lo que ha sido unido, aunque sea un momento antes, se quedará unido.

Les sucede a muchos seres humanos que no se mueren vivos porque nunca han vivido verdaderamente. ¿Y como podría ser diferentemente si los que van al encuentro de las experiencias del vivir no se presentan a  estos encuentros en la plenitud de su ser?
Si mira pero no ve,  oye pero no escucha, está  allí pero no está presente, porque no está en una percepción global de lo que está en el interior de él y en el exterior de él en aquel preciso instante?

*¿De qué depende esta ausencia de la vida, este no ser?*

Depende del hecho de que  el ser humano,  llegando a ser adulto, se retira en su pequeño mundo de los miedos, de sus límites, de sus certezas y de sus convinciones.
Por tanto no está presente en la vida, porque el presente le ha sido robado por los espectros del pasado, que acabarán por apropiarse también del futuro. Él es similar a un gusano que está siempre en el capullo, y no llega a ser nunca una mariposa; concibe solo al capullo y su vivir en eso.
Resumiendo, el ser humano, casi siempre, vive en el interior de un drama y no concibe nada más que el drama mismo.
Esto no es verdad para los niños, por consiguiente el drama es un estado de cierre, más o menos total, al que, los seres humanos llegan durante el recorrido de la vida.

*¿Cómo puede suceder?*

Muchos seres humanos, saliendo de la infancia y acercándose a la edad adulta tienden, cada vez más, a ver la vida como una secuencia de problemas que la vuelve fatigosa y llena de sufrimientos. Esta visión es ***el principio del drama.***

No nos interesa, por ahora, indagar sobre el porqué se produce esta distorsión del vivir porqué algunos hechos son definidos problemas; para nosotros es suficiente observar que los seres humanos piensan que tienen que resolverlos y, en esta tarea, se empeñan con todas sus fuerzas.
A veces, temporalmente encuentran un poquito de alivio porque, creen haber solucionado algunos. Piensan, entonces, que, si los resolviesen todos, estarían por fin felices. Producen una ilusoria y compulsiva búsqueda de la felicidad, por lo que

**proyectando la felicidad en el futuro,
la alejan desde el presente
y se condenan a la infelicidad**

Hacia esta dirección consumen todas sus energías. Dedicando incesantemente sus esfuerzos a la solución de los problemas, viven *la continuación del drama*.

Sería necesario comprender que pensar siempre en el drama, consumírse por eso, luchar continuamente para resolverlo, produce el resultado de confirmar el drama mismo, alimentarlo, darle energía y vitalidad, y, al final, consolidarlo en la realidad.
Así, llega a ser total y totalizante y, una vez que eso ha sucedido, se produce *la cristalización del drama.*

Cuando esta se verifica no hay más espacio para nada, tampoco para la vida que se empobrece hasta llegar a ser supervivencia.
Muchos seres humanos se dan cuenta, pero piensan que la vida podrá volver a empezar cuando el drama habrá terminado.
Pero, el drama, por una causa o por otra, no terminará nunca y, sin embargo, es la vida que termina.

Comprendemos entonces plenamente el sentido de las palabras de *Séneca*.

Él nos dice que el ser humano espera el final del drama para empezar a vivir, pero este final no llega nunca y, en su lugar, llega la muerte; así el ser humano se muere antes de haber nacido. A este punto

## La muerte entra de lleno en el drama
## y llega a ser la protagonista indiscutible y absoluta

De hecho el ser humano piensa que la muerte llega, prematuramente e injustamente, para interrumpir la busqueda y la conquista de una felicidad a la que él tiende y a la que tiene derecho. Al mismo tiempo, todo el mundo sabe que la muerte, antes o después llega, tienen miedo y la apartan, para que puedan seguir tranquilos persiguiendo la felicidad a la que aspiran. Esto todavía más verdad si han confundido la felicidad con el placer y del placer han llegado a ser dependientes. Continuamente apartada por todo el mundo,

## la muerte y el miedo a la muerte
## adquieren  un poder inmenso
## llegando a ser el drama por excelencia,
## el gran drama colectivo de la humanidad

Para comprender como eso sucede, se necesita profundizar el funcionamiento de la remoción.

## La eliminación es la forma más exasperada de rechazo.

Esa consiste en el querer excluir un evento de la vida,  de la vista, de todo lo que está a la luz del sol.
Es un impulso para  destruirlo, cancelarlo de la existencia, del mundo, querer ignorarlo totalmente y absolutamente.
Pero, la ignorancia es siempre causa de sufrimiento y nada puede verdaderamente ser cancelado.

De hecho, eliminando un contenido indeseado por la conciencia, lo empujamos a un punto más profundo y oscuro del inconsciente donde su poder resulta multiplicado.

Desde allí, sin ser visto, puede actuar tranquilo e influir en nuestra vida de manera mucho más incisiva y determinante.

**Si el rechazo produce la guerra
contra un enemigo visible,
la eliminación crea la esclavitud
con respecto a un  tirano  invisible**

La mejor elección, que no crea ni enemigos ni tiranos, y lleva con sencillez a la paz y a la libertad, es la de

**renunciar a cada forma de rechazo
e intentar recoger
todo lo que existe en el mundo**

Si un evento nos crea dificultad es porque tenemos un límite y esto nos lo muestra. Conviene entonces recogerlo y aprender la lección que nos trae porque es una enseñanza que nos libera del límite y nos  enriquece en la comprensión. Las alternativas son las de rechazarlo, creando un enemigo para combatir, o eliminarlo, creando un tirano del cuál depender. Recogiéndolo, sin embargo, llegaremos a ser capaces de comprenderlo y de *incluirlo pácificamente y fructosamente* en nuestra vida.

Dicho de otra manera: *es mucho mejor ampliar mi comprensión para llegar, gradualmente a incluir todo lo que existe, en vez de empequeñecer y deformar lo existente para poderlo contener en mi ignorancia.*

Sirve una actitud de humildad como la que *Hamlet* sugiere al amigo *Horacio* cuando le dice: *hay más cosas en el cielo y en la tierra de que las que sueña tu filosofía.*

Para profundizar ulteriormente el tema hasta aquí tratado, es indispensable que nos interroguemos sobre *el origen de la felicidad, del drama y de la muerte.*

Tomaremos inspiración de las palabras de Jesús que nos sugiere *estar en el mundo, pero no ser del mundo.* Significa

**estar anclados en el centro de nuestro ser
también viviendo totalmente inmersos
en el movimiento de la vida**

Es el estado de conciencia en el que

**desaparece la distinción entre el ser y el devenir
y nace la paz**

Esto sucede porque los opuestos del mundo del devenir se unen y desaparecen continuamente en la conciencia del ser.

**En la dimensión del ser es posible una vida feliz**

**De hecho la felicidad es el estado del  bienestar
que deriva de la permanencia de la conciencia de si mismo
incluso en la impermanencia de los eventos del mundo**

o mejor, gracias a esta, puesto que los eventos del mundo en perenne mutamento, nos reclaman continuamente a nosotros mismos.
Es un reclamo al que podemos decidir si ser sensibles o insensibles.
La infelicidad nace cuando el ser humano, una vez que ha perdido el contacto con el ser y se ha olvidado de si mismo, habita exclusivamente en el devenir, que después continuamente lo atropella.

Allí la búsqueda de la felicidad es hueca e ilusoria y la consecución imposible. De hecho la felicidad no puede ser buscada, encontrada y poseída, sino solo vivida. Para vivirla hay que restaurar la conexión interrumpida. Para restaurarla hay que elegirla.

**La felicidad existe si nosotros somos,
y no existe si nosotros no somos**

*Un breve inciso:* la palabra religión deriva del latín *religio*, y es cuestión controvertida si este término descíende de los verbos *religare*, *relegere* o *re-eligere.*
*Religare* significa unir junto, enlazar y, en un sentido más amplio, volvere a enlanzarse.
*Relegere* significa leer de nuevo, leer con mayor atención.
*Re-eligere* significa elegir de nuevo.

Como se ve, cualquiera que sea la etimología elegida, el sentido último no cambia y es el de **volver al ser.**

En la tradición bíblica, el ser humano, a causa del pecado original, sale del paraíso terrestre, cae en la dualidad del bien y del mal, y pierde la felicidad. Por tanto

**el ser es el paraíso terrestre
y el pecado original
es la pérdida de la conciencia
de la unión de si mismos con todo**

*¿Cómo se comporta de frente a los eventos un hombre que está en el mundo pero no es del mundo?*

Ante todo es feliz, tiene una energía estable que conserva y se acrecienta, asíi vive en una dimensión de plenitud.

Cuando un evento se presenta en el horizonte, acepta su acercamiento, acepta el contacto con eso y acepta el sucesivo alejamiento.
Recoge todas las fases de la experiencia y de ninguna manera intenta bloquear el flujo de la Vida.
Terminada la experiencia, tiene una gran riqueza y está listo para recoger cualquier otra experiencia.

*¿Y un ser humano que está en el mundo y es del mundo?*

Antes que nada es infeliz porque ha perdido el contacto con el ser, tiene una energía instable y huidiza, asì vive en una dimensión de falta y necesidad. Perdiendo el contacto con el ser ha caído en el devenir donde reina la guerra de los opuestos.

Cuando un evento se presenta en el horizonte, representa para él un problema. Él, de hecho, no puede reconocerlo porque está lejos del ser y se olvida de sí mismo, por consiguiente ya no es capaz de reconocerse. No sabe si considerarlo un amigo o un enemigo, una posibilidad o una amenaza.
Tiene que elegir, y en eso consiste el problema. La solución, la de aceptarlo con amor de todas formas, es inaccesible a quién no reside en el ser.
Por consiguiente, sumergido en la dualidad, tiene que *elegir si rechazarlo por miedo o aceptarlo por necesidad*. No hay una real diferencia entre las dos alternativas, porque

**no hay una verdadera elección más allá del ser**

Si lo rechaza por miedo, el evento seguirá proponiéndose de nuevo aunque no necesariamente en la misma idéntica forma.

Si lo acepta  por necesidad, no se trata de una verdadera aceptación, porque no sucede en el amor y en la libertad.

94

Entonces, en el momento del contacto, la necesidad hará de manera que se ataque al evento, y rechace después dejarlo ir, cuando éste intentará alejarse.

Produciendo el rechazo, sea aceptarlo o dejarlo ir, bloquará el flujo de la vida.

Al final resultará empobrecido por la experiencia no concluida que necesitará ser revivida.

A este punto podemos *analizar el origen del drama.*

## El drama es la enorme cesión  de energía
## que un ser humano  comete
## con respecto a lo que rechaza

La atención es un flujo de energía que va desde el que da atenciòn a lo que la recibe. El rechazo es un tipo de atención que tiene una energía muy fuerte, intensa y potente.

Cuando estoy en frente de un evento, y su presencia estimula en mi mismo el miedo, yo lo rechazo. Una cierta cantidad de energía sale de mi y entra en él. Yo me debilito y él se refuerza.

Puesto que él llega a ser más fuerte y presente, mi miedo aumenta, y yo aumento mi rechazo. Este flujo de energía crece continuamente, empobreciendome y enriqueciendole.

Esto demuestra que

## el rechazo crea relaciones de dependencia

Jesús dice:

## amad a vuestros enemigos

y podríamos añadir:

## de esta manera no estaréis obligados a depender de ellos
## malgastando la vida en la guerra

Nos queda *afrontar el tema de la muerte.*

## La muerte es el resultado infausto del drama

De hecho el drama es consumación.
Si no se pone fin al drama, la pérdida de la energía vital continua,
y cuando no hay bastante para el organismo, se morirá.
Actualmente la consumación de la energía vital de un ser humano
sucede aproximadamente en ochenta años, en el siglo veinte
sucedía aproximadamente en cincuenta años, durante los tiempos
de los antiguos romanos en treinta años.
Puesto que el drama de la muerte se ha convertido, a lo largo de
los siglos, el drama por excelencia de la humanidad, podemos
concluir que, actualmente,

### es vivir el drama de la muerte
### que crea realmente la muerte del cuerpo físico

Todo esto lo encuentramos expresado magnificamente en la
Biblia *(Sapiencia 1,12-13):*

*Dejad de buscar la muerte con los errores de vuestra vida,*
*y de atraeros la ruina con las obras de vuestras manos,*
*porque Diós no ha creado la muerte,*
*ni goza con la ruina de los vivos.*
*Él ha creado todas las cosas para que existan;*
*saludables son las criaturas del mundo,*
*en ellas no hay veneno mortal*
*ni el reino Hades está en la Tierra .*
*La justicia de hecho es immortal.*
*Pero los impíos con  gestos y con palabras llaman a la muerte,*
*creyéndola amiga, se consuman para ella*
*y con ella tienen estrecha alianza*
*porque son dignos de pertenecerle.*

Puede ser interesante acercar a estas palabras las reflexiones del *Dalai Lama* sobre la vida de los hombres occidentales.

Él afirma:

*"Lo que me ha sorprendido más de los hombres del occidente es que pierden la salud para ganar dinero y después pierden el dinero para recuperar la salud.*
*Piensan tanto en el futuro que se olvidan de vivir en el presente, así que no pueden vivir ni el presente ni el futuro.*
*Viven como si no tuvieran que morirse nunca y se mueren como si no hubieran vivido nunca".*

Es interesante ver que *Séneca* y el *Dalai Lama*, con una separación de 2000 años y 10000 kilómetros, están en perfecta sintonía.

En cuanto lo que se ha dicho antes, se puede objetar que más allá del drama, la muerte llegaría de todas formas por causas fisiológicas. Esto, puede que sea verdad, pero cuanto duraría la vida humana si no existiera el drama, nadie lo sabe.

Nos limitamos a observar que la Biblia afirma que la vida de Matusalemme fue de 969 años, la de Iared 959, la de Noè 950, la de Adamo de 930, la de Set de 912, la de Kenan 912, la de Enos 905.

Existen estudios científicos dirigidos a evaluar cuál sería la duración de la vida humana si se corigieran los mecanismos de degeneración ambiental, mental y genética y se llevara la vida a una pureza natural incontaminada.
Esencialmente significa preguntarse cuanto tiempo viviremos si limpiáramos de la basura el ambiente, la mente y el ADN.

Una de las hipótesis elaboradas es la de la semi-inmortalidad. Esta afirma que la vida humana podría facilmente durar cerca de 1000 años, y que los actuales conocimientos científicos harían concreta esta posibilidad en una fecha estimada entre el 2030 y el 2060. La coincidencia entre esta hipótesis y el informe bíblico es un indicio estimulante.

Por otra parte lo de la inmortalidad ha sido siempre el tema central de todas las religiones.

Descendamos un escalón hacia lo concreto y hagámonos la pregunta:

*¿cómo solucionar el drama una vez creado?*

El punto es que el drama no puede ser solucionado desde el interior, o sea, el drama no puede solucionarse a si mismo.
Dicho de otra manera: el bloqueo crea el drama, el drama crea otro bloqueo que crea otro drama…
Es un proceso que continuamente reproduce y se regenera a si mismo.
Si el drama no puede ser solucionado, puede sin embargo ser disuelto y, mejor todavía, puede no ser creado en absoluto.

Para hacer esto sirve un cambio de actitud: un cambio desde el cierre hasta la apertura.
Con la apertura, el drama empieza a disolverse y llega a ser una actitud constante, el drama ya no será creado.

*¿Cómo pasar desde el cierre hasta la apertura?*

La palabra drama deriva de la jerga teatral.

La similitud que compara la vida a una obra teatral o a una película, ha sido usada largamente, y también nosotros la utilizaremos.

Un célebre aforisma de *Oscar Wilde* afirma: *Es mejor ser protagonista de la propia tragedia que espectador de la propia vida.*

Este aforisma es un óptimo ejemplo de cierre, fruto de una actitud mental que divide, contrapone, excluye y por tanto cierra.

Nuestra primera tarea es la de abrir este aforisma y hacerlo florecer, operando un cambio de actitud mental, que nos permita pasar de un pensamiento exclusivo del tipo "o… o…," a un pensamiento inclusivo del tipo "y… y…".

El aforisma nos pone enfrente de la bifurcación: ser protagonista de la propia tragedia o espectador de la propia vida.

¿por qué tendría que elegir entre estas dos perspectivas tan miserables?

Es como si estando enfermo de peste me dirigiera al médico y el me respondiera que si me cura de la peste me infectará con el cólera.

¿Por qué tendría que elegir entre peste y cólera cuando puedo estar sano?

¿Por qué elegir si ser protagonista de mi tragedia o espectador de mi vida cuando puedo ser protagonista de mi vida?

¿Por qué de mi vida no puedo ser al mismo tiempo protagonista, espectador y cualquier cosa que sea retenida útil y deseable?

¿ por qué no artífice?

¿ por qué no el feliz creador de una vida feliz?

Pueden parecer preguntas absurdas, sin embargo para los latinos no lo eran, visto que nos han transmitido la máxima: *Faber est suae quisque fortunae.*

Es una máxima atribuida a *Sallustio* que podemos traducir: *Cada uno es creador de su destino.*

Si abandono el juicio sobre los seres humanos y la costumbre de dividirlos en buenos y malos, en amigos y enemigos, lo que obtengo es **una visión imparcial de la humanidad**.

Esta me muestra que los seres humanos son todos diferentes y recorren sus propios caminos.

Por tanto, el ser humano se mueve en el interior de una película de la que es protagonista. Si no lo sabe no le queda que interpretar su parte hasta el final de su vida.

Visto esto, puedo preguntarme: *si todo el mundo está en el interior de una película y no lo sabe, ¿puede que yo también esté en el interior de una película mía, y no lo sé?*

No es difícil imaginar una respuesta afirmativa pero que tiene que ser verificada.

Así puedo decidir observarme con paciencia, atentamente y repetidamente. Es un principio de conocimiento de mi mismo que me lleva gradualmente a ver como está hecha mi película y de que manera yo me muevo en esa.

Si sigo actuando y observando la película de mi mismo, un día estaré sorprendido por una intuición genial: *¡la razón por la que puedo actuar en la película, y contemporaneamente mirarla, es que no soy solo el actor, sino también el espectador!*

Si no dejaré de cultivar estos dos roles juntos, un día me daré cuenta de que algunas partes de la película me gustan y otras no me gustan. Las que no me gustan querría cambiarlas.

Pero, tendré que darme cuenta de que no puedo. De hecho el actor puede solo actuar, el espectador solo asistir.

Para el cambio sirve otra cosa. Y aquí es necesario un pasaje difícil, que puede reclamar muchísimo tiempo.

Se trata de comprender que poseo una voluntad de cambio, porque *no soy solo el actor y el espectador, sino también el director.*

En mi mismo están los tres personajes y cada uno tiene su rol: el director crea la trama, el actor la actúa, el espectador mira la película.

El drama existe cuando los tres personajes estan divididos, y la trinidad del ser humano no forma una unidad porque se ha hecho añicos. Reconstruir la unidad significa salir del drama y volver a adquirir  la libertad de crear su propia vida.

Muchos lo intuyen, pero rechazan o no intentan hacerlo, porque adquirir la libertad significa asumir la responsabilidad, y la responsabilidad es de lo que tienen miedo sobre todas las cosas.

De cualquier manera, sin la presencia y la colaboración de las tres figuras, la película no puede cambiar. La película que estoy recitando y mirando ahora, depende de la trama que el director escribió mucho tiempo antes. Si en el futuro quiero otra película, hoy tengo que empezar a escribir otra trama diferente; hoy tengo que plantar las semillas de una vida nueva, las semillas del futuro. No hay límite en las tramas que pueden ser escritas, y transformadas en películas en las que actuar, ver y modificar a placer. Y así se comprende que

**la vida no es un drama para sufrir,**
**sino una riqueza de potenciales para forjar,**
**usando la creatividad**

Jesús habla a menudo del reino celeste.

La interpretación corriente es que él habla del paraíso, un lugar que existe después de la muerte. La expresión *reino celeste* es utilizada 32 veces en los Evangelios y, ni si quiera una vez, está indicado que se trata de una condición más allá de la vida.

La idea de *un lugar que existe después de la muerte* no tiene sentido y convierte a este lugar en inalcanzable y su existencia en inverificable.

De hecho, *lugar* se refiere a espacio, *después de la muerte* se refiere al tiempo. Si el paraíso es un lugar, es posible alcanzarlo en cualquier tiempo, incluso ahora. Si el paraíso es un tiempo, entonces, puede existir donde quiera, incluso aquí.

Todas estas paradojas desaparecen, si se comprenden las palabras de Jesús  exactamente. Él dice (Mateo 18,3):

*Si no cambiáis y no llegáis a ser como niños, no entraráis en el reino celeste.*

¿Y cuándo tendremos que hacerlo si no ahora y donde si no aquí? Y entonces se comprende que el reino celeste, o paraíso, no es un lugar ni un tiempo.

### El reino celeste es un estado del ser
### y puede existir siempre y en cualquier parte

Es bueno tener paciencia y afecto hacia nuestro pensamiento y sus limites.

El ser humano siempre ha aprendido, y aún aprende, de la experiencia.
Por esta razón el pensamiento humano ha nacido y se ha formado utilizando los concectos de espacio y tiempo del que está impregnado y de los que difícilmente tiene éxito al prescindir de ellos.

Así se ha consolidado el punto de vista por el cual el mundo existe en el tiempo y en el espacio que son dos realidades preexistentes, dos contenedores para las cosas y los eventos.

Esta visión confina la vida en el devenir, impide el acceso al ser y cierra las puertas de la eternidad.

De hecho, aunque si la conciencia se desvinculase de las cosas del mundo, se quedaría de todas formas enredada en el tiempo y en el espacio.

Sin embargo es suficiente abrir un poquito la mente para producir otro punto de vista para que

**el tiempo y el espacio estén en el mundo
y no el mundo en el tiempo y en el espacio**

Si desde el mundo se quitasen todas las cosas, y este  se quedase absolutamente vacío, desaparecerian también el tiempo y el espacio. Esto está de perfecto acuerdo con la física contemporánea, la cual  además afirma que *el vacío está lleno de potenciales.* Significa que el vacío es *Nada* desde un punto de vista material,  pero es *Todo* desde el punto de vista potencial.
La física afirma también que es la conciencia que hace colapsar a los potenciales en realidad. La conexión con el Budismo y su concepción del vacío es muy evidente así como con el hinduismo y su idea de *Sat-Cit-Ananda* que es la coincidencia de ser, conciencia, y de beatitud. Que la ciencia moderna se reúna con la sapiencia antigua es verdaderamente un hecho digno de nota.

Volvamos a nuestro razonamiento.
Si el tiempo y el espacio están en el mundo y no viceversa, comprendemos que cuando la conciencia va más allá del mundo, va también más allá del tiempo y del espacio. Va a la dimensión del ser. En la realidad, concretamente, el pensamiento humano, siempre operando en el mundo, puede empezar a desvincularse de las categorías de espacio y de tiempo, y, alejándosene un poquito, puede entrar en otra dimensión. Este entrar tiene diferentes pasajes que han sido llamados con varios nombres: intuición (del latín *intus ire* en el sentido de entrar en), inspiración, iluminación, éxtasis, visión… etc.
Lo importante  es que

**alejarse del tiempo y del espacio
equivale a un acercamiento a  la verdad**

*Simone Weil*, brillante pensadora, desaparecida a la edad de treinta y cuatro años afirma:

*Es imposible que la verdad no esté presente en cada tiempo, en cada lugar, a disposición de cualquiera que lo desee.*

Profunda reflexión a la cual querría añadir:

*Hubo un instante, en la historia del mundo,*
*donde la verdad se proclamó en voz alta,*
*pero todo el mundo estaba atareado y nadie escuchó.*

*¿Cuál fue aquel instante?*
¡Aquel instante es cada instante!

*¿Y cuál es aquella verdad ?*
¿Cómo… no la sientes?

A todo esto se refiere Jesús cuando dice (Mateo 24,35):

*El cielo y la tierra pasarán, pero mis palabras no pasarán*

Volvamos al paraíso.
Es un cielo de horizontes infinitos, es la verdadera vida que se revela como posibilidad, don, riqueza y no miseria ni límite.

Jesús nos invita a convertirnos en niños.
¿Cómo son los niños?
Son inocentes y abiertos a cada posibilidad.

**Es la actitud de total apertura**
**lo que caracteriza a los niños**

El cambio que es sugerido es el de abandonar las certezas, la soberbia, el drama  y, como los niños, volver a abrirse a la vida.

**Cuando el ser humano se abre a la vida**
**el reino celeste se abre al ser humano**

**El reino celeste es**
**el immenso horizonte de posibilidades**
**que podemos reconocer, elegir y comprender,**
**en el sentido llevarlas con nosotros, para utilizarlas**
**al construir nuestra vida y su significado**

De hecho la vida individual no tiene un significado preconcebido, algo que la haría inútil y sin importancia desde un punto de vista evolutivo, sino un significado que tiene que ser buscado, elegido, contemplado y al final, construido.

**La construcción del significado de la vida**
**coincide con el desarrollo de la conciencia**
**y el crecimiento del ser**

Cuando el ser humano llega a ser capaz de ver la immensa riqueza de posibilidades que le han sido ofrecidas, la gran cantidad de materiales disponibles para construir el sentido de su vida y empieza a hacerlo, llega a ser consciente de haber recibido un gran don y *la gratitud invade su alma.*

Se trata de un don tan grande,  no delimitado, que funciona en cualquier parte y sobre cualquier nivel, que puede resultar abstracto e invisible solo porque es difícil de concebir en su tamaño.

**Es un todo que puede ser  intercambiado por un nada,**
**como siempre sucede para las cosas simples y esenciales**

Pero, cuando el ser humano, tenida la intuición, conquista la percepción y se abre a esto, en aquel momento,

**se vuelve  partícipe  del reino celeste**
**y no importa**
**si esto sucede antes o después de la muerte física**

Así el tema inicial de la actitud de apertura asume toda su importancia porque, no solo es la apertura con respecto de este o aquel aspecto, este o aquel conocimiento, sino la apertura con respecto a la vida entera y a sus potenciales.
Además

**si no estamos en la apertura,**
**el reino celeste nos evita**

Jesús nos pone en guardia de este riesgo diciendo (Mateo 21,31):

*Ladrones y  prostitutas os pasarán delante en el reino celeste*

Se trata de un gran tema que, para no quedarse en teoria, necesita ser llevado a lo concreto. De hecho también quien leyera este mismo texto sin estar en la apertura, no lo comprendería.

Bajemos otro peldaño y preguntémonos: *¿cómo puedo yo, ahora, empezar a entrar con una actitud de apertura?*

El instrumento principal es la autoobservación: Observarse a si mismos y a la propia cotidianidad. Ver como está hecha propia clausura, como se produce y como funciona.
Es una prisión; aunque si es immaterial, es indispensable conocerla profundamente para poderla desmantelar.
Y puesto que cada prisión es diferente, también el recorrido de liberación de cada uno es diferente.

Pero para todo el mundo, se trata de observarse, profundizar el conocimiento de sì mismo, modificar actitudes y comportamientos, verificar las transformaciones ocurridas y, como fruto de este trabajo, ver el propio mundo ampliarse.

Contemporáneamente se verifica un cambio de la calidad de la vida, porque lo que era imposible en un mundo pequeño, llega a ser posible en un mundo más grande. De hecho

**extender el propio mundo
sirve a hacer posible lo imposible**

Muchas observaciones se pueden hacer, y todas abastecerán elementos valiosos, para modificar, poquito a poco, la propia relación con la vida y por tanto ampliar la visión del mundo.
Una gran ayuda será dada por las sagradas escrituras y de todo lo que sea capaz de orientarnos hacia el amor, la verdad, la belleza, hacia el bien individual y colectivo, la esencialidad y la responsabilidad.

En términos al mismo tiempo concretos y generales, no se puede decir otra cosa, pues es desde la naturaleza de las observaciones hechas que depende el desarrollo del camino de cada uno. Es un camino exquisitamente personal, sobre el cual solo el sujeto puede expresarse, porque, como se ha dicho, él es el director que escribe la trama. Pero es posible citar algunos ejemplos recogidos de las experiencias testimoniadas por otras personas.

Algunos se dan cuenta de que piensan y sienten como víctimas, y que viven continuamente en la defensa de si mismos y en la acusación de las otras personas.
Otros se dan cuenta de que sus jornadas se desarrollan en un clima de guerra continua y que nunca tienen éxito al dejar las armas, ni siquiera mientras duermen.

Otras personas todavía ven que la búsqueda del placer es para ellos totalizante y que gastan todas sus energías al perseguirlo.

Otros reconocen en si mismos la pereza, otros la vanidad o la prepotencia.

Muchos, observando su propio cierre reflejarse en la rigidez de la mente y en la dureza del corazón o en la contracción del cuerpo, descubren que no tienen éxito al obtener una verdadera enseñanza de los eventos de la vida. De hecho la colaboración de cuerpo, corazón y mente, es indispensable para una receptividad que permita vivir experiencias reales.

Un buen ejemplo es el de uno que, dándose cuenta de vivir en un estado de total inquietud, entra en conflicto con su mente y empieza a tomar tranquilizantes.
Con la autoobservación descubre que la mente es solo el lugar donde los problemas se manifiestan y que la causa es el miedo no la mente.

Si el miedo es fuerte y la mente es débil, esta última obedece al miedo produciendo pensamientos que alimentan el miedo mismo. Esta situación, en la que la mente obedece al miedo y no a la búsqueda de la verdad, es una situación donde el orden natural ha sido subvertido y parece una situación sin solución.
Sin embargo la persona gracias a la reflexión, a la meditación y a la profundización de las sagradas escrituras, puede restaurar un recto pensamiento que opera según la verdad.
La mente, reeducándose en la realidad y en la verdad, se fortifica y llega a ser capaz de recoger su propia función que es la de dar la dirección y restaurar el orden natural y la justa medida de las cosas. De esa manera, reconduce las emociónes humanas al interior de esta justa medida real,  y da una solución a los falsos problemas creados por el miedo.

De esta medida de las cosas, y de los problemas que implica alejarse, era bastante consciente el poeta latino *Horacio* que afirma:

*Est modus in rebus: sunt certi denique fines, quos ultra citaque nequit consistere rectum*

*Hay una medida en las cosas: hay precisos lìmites, más allà de los cuales no puede subsistir lo justo.*

Significa que sin un uso correcto de la mente, sin la rectitud que es la capacidad de moverse en linea recta que va en la dirección de lo que se retiene justo, lo justo no puede existir, no puede ser ni vivido, ni alcanzado.

De hecho, cuando el miedo gobierna el juego de la vida, despuès de haber sido depuesto la mente, hace de manera que la dirección cambie a cada paso, produciendo aquella incomodidad, dolorosa y infructuosa, que se llama inquietud.

El último ejemplo descrito se refiere a una situación particularmente difícil que nos muestra como

**una continua mejora al vivir
encuentra en la paciencia y en la perseverancia
sus más grandes aliados**

y puede, con el tiempo, solucionar la enfermedad del cierre y producir la devuelta a la vida.

# Capitulo 6

# Un nuevo equilibrio

# Un nuevo equilibrio

Muy a menudo, la vida del ser humano vacila  entre dos extremos: **la voluntad de control** y **el impulso en el dejar ir**.
Son dos polos opuestos que se alternan y alimentan recíprocamente.

Cuando me doy cuenta de que soy arrastrado por los eventos, advierto el miedo de perderme  y reacciono  activando el control.
Al principio, esto me da una cierta tranquilidad porque el miedo desaparece, pero después, practicado al control durante un cierto tiempo, advierto un sentido de pesadez y de costricción que me empuja a aflojar la presión y a dejar ir.
Enseguida, me siento más ligero, pero después, los eventos vuelven a empezar gradualmente a escaparse  de la mano.
Apenas me doy cuenta el miedo vuelve a emerger, y yo reactivo al control.
Es un ciclo repetitivo, que consume muchísima energía y produce *la fatiga al vivir*. Esto tiene como origén por el hecho de que no consigo,  al mismo tiempo,

**ser y fluir,**
**conducirme a mi mismo y dejar ir**

El resultado final  es que no soy capaz de

**Conducir mi vida con ligereza.**

En términos generales,

**el hecho de que dos polos opuestos**
**se alternan  de manera repetitiva e inconciliable,**
**es indicación de un desequilibrio**

Es un desequilibrio que deriva de una falta de comprensión que me lleva a identificarme, ahora con uno, ahora con el otro polo, sin poder nunca contenerlos, es decir comprender a ambos.

Es una continua oscilación, parecida a la del péndulo. Puede ser vista tambien como una prisión o, simplemente un límite, en el que de todos modos no hay paz, sino solo intranquilidad.

Para salir de este estado sería suficiente producir la capacidad de contener a los opuestos, si no fuera que

**los opuestos no pueden nunca ser contenidos
por el contenedor que los interpreta como tales**

Por tanto es el contenedor que tiene que cambiar: no simplemente llegar a ser más capaz, sino transformarse, adquiriendo calidad y no solo cantidad. La transformación consiste en

**subir un escalón en la escalera del ser**

en el sentido de acceder a un nivel más elevado, caracterizado por un punto de vista superior y un mayor grado de comprension y de conciencia.

**Sobre el nuevo nivel, los opuestos cesan de ser tales
y la polaridad no se forma**

Para que  todo esto pueda resultar claro, hay que tener éxito al ver que

**la vida se desarrolla sobre un nivel horizontal,
mientras que el ser se desarrolla en dirección vertical**

Subiendo los escalones de la escalera, se encuentran nuevos niveles, uno por cada escalón. Un nivel no es más que la nueva comprensión de la vida a la cual he tenido acceso, subiendo al escalón subyacente. No es difícil intuir que

**una nueva comprensión de la vida es una nueva vida**

Existen diferentes niveles de existencia donde la vida  se propone a niveles siempre más altos.
Subiendo un solo escalón, esta parece cambiar poco, porque cada cosa se queda parecida a lo que era, sobretodo exteriormente.
En realidad  adquiere mayor importancia, llega a ser más valiosa y rica de significado, mientras se añaden nuevas funciónes y nuevas posibilidades se manifiestan. Para decirlo con más simplicidad:
**lo alto contiene lo bajo, le enriquece
y le abre a un nuevo horizonte**

Esto explica porque

**la calidad de la vida crece con el ser**

De hecho, para indicar una buena calidad de vida se usa a menudo la palabra *bien-estar*.

Moverse, vivir y extenderse sobre un nivel, no produce el cambio del ser.

Un ser humano puede ganar mucho dinero y adquirir propiedades; entonces tendrá muchas riquezas, pero será el mismo ser humano todavia.
Otro podrá estudiar mucho y adquirir muchos conocimientos; entonces tendrá mucho saber, pero será todavia el que era.

Son todas consecuencias del hecho de que

**el plano horizontal es el plano del tener;
es el lugar de la cantidad donde es posible adquirir bienes
sin que el ser cambie**

Con la palabra "bien" se quiere decir lo que es útil: útil en la vida y útil para la vida. Por consiguiente no son solo los bienes materiales como las cosas o el dinero, o los bienes emocionales como las emociones y los sentimientos, o los bienes intelectuales como los pensamientos o los conocimientos, sino también y sobretodo, las experiencias. Sin embargo

**la adquisición de los bienes no es el crecimiento del ser,
porque el ser no es el tener,
la cantidad no es la calidad
y la acumulación  no es el cambio**

Si la adquisición de los bienes no es el crecimiento del ser, pero es el presupuesto indispensable y la base.
Es como por un atleta que, queriendo saltar alto, tiene que coger el impulso. El impulso permite el salto, pero no es el salto.
De  hecho es posible coger centenares impulsos y no saltar nunca.
Sin embargo, sin un impulso adecuado, el salto es imposible.
De la misma manera, para poder subir, es indispensable una experiencia adecuada al plano en el que uno está.


Metafóricamente: es necesario acumular una cierta cantidad de experiencias para subir sobre el montón acumulado en el sentido de subir sobre la pequeña colina de experiencias construidas.

*¿Cómo de largo y cuidado tiene que ser el impulso del atleta para poder saltar?*
El impulso tiene que ser muy cuidado (atención a cada paso) y largo lo que sirve para adquirir la energía necesaria para marcar el salto.

*¿Cómo de larga y cuidada tiene que ser la permanencia de un ser humano sobre su propio plano?*
Tiene que ser muy cuidada (consciencia frente a los eventos) y larga lo que sirve para adquirir la comprensión necesaria  para subir un escalón.

*¿Pero cuál es esa comprensión necesaria?*

El plano es el mundo en el que vivo y está inmensamente extendido. Las cosas que contiene y las experiencias que promete son verdaderamente muy numerosas, prácticamente infinitas.
Es facilísimo **perderse en el mundo** que atrae y seduce por medio de la cantidad de experiencias que ofrece. Sin embargo mirando bien, estas son poquitas;  parecen muchísimas porque se presentan de muchísimas formas, pero, vistas en su esencialidad, son poquitas.
Por tanto lo que seduce no son las cosas o las experiencias, sino las formas que estas asumen y de las que nos dejamos atraer en virtud  del placer que prometen.

**El placer es una promesa de felicidad,
pero no es la felicidad**

Es una promesa ilusoria, que nunca es mantenida, puesto que ninguna felicidad es posible si no en el ser. De hecho

**la felicidad es un estado
y no una ebriedad**

Es una condición en la que podemos ser, pero que no podemos
tener. No podemos comprarla, poseer y tampoco retenerla
adquirida definitivamente. De hecho la perdemos cada vez que
permitimos que algo nos seduzca, llevandonos bajo su gobierno.
Cuando esto sucede, desviados de nosotros mismos,

**nos olvidamos de la realidad del ser
y caemos en la ilusión de la apariencia**

Por esta razón la infelicidad continúa.

**El ser humano es  seducido
porque no demora estable en el propio centro
y se olvida de ser y de tener importancia,
cualquier cosa suceda**

Cuando sucede esto, el ser humano, se vuelve

**ausente de su propia vida
por falta de si mismo**

y vive en un estado de ausencia crónica que intenta colmar
persiguiendo necesidades y deseos. De esta manera

**intentando poseer,
es poseido**

Así puede quedarse en su plano durante un tiempo larguísimo, en
la repetición de las mismas experiencias de formas diferentes.
Cuando se interpreta siempre la misma película, significa que la
vida ha llegado a ser supervivencia.

Muchos hombres han comprendido *la vanidad de perderse en el mundo* y el peligro de ser aspirados, por lo que algunos han elegido escapar del mundo.

Pero esta no es la mejor solución, sino otra ilusión.

De hecho, el mundo existe para ser vivido, y después trascendido, pero no para ser negado. Como sucede a menudo, el camino nos es indicado por Jesús que nos invita a

**estar en el mundo
pero no ser del mundo**

Estas pocas palabras son la justa conclusión de nuestro largo discurso y constituyen el perfecionamiento.

**Todo el Evangelio de Jesús
es una escuela del ser**

Jesús nos sugiere **estar en el mundo**.

Significa vivir plenamente el movimiento de la vida pero quedándose saldamente anclados en el centro de nuestro ser: el alma, la esencia, lo que realmente somos más allá de cada aparencia, forma y cambio. *El alma es la eterna unión con todo.*

Nos sugiere también **no ser del mundo**.

Significa recordarse siempre que el mundo es simplemente un gimnasio para el alma: es el lugar donde el alma hace sus experiencias, desarolla su entrenamiento, el colegio donde estudia. Cuando el entrenamiento ha dado sus resultados, es inútil y contraproducente, continuarlo.

El estudiante está listo para otra clase.

De hecho *el mundo es para el alma y no el alma para el mundo,* así como el gimnasio es para el gimnasta y no el gimnasta para el gimnasio.

Si yo tengo conciencia de ser el alma y no el cuerpo, porque no confundo la ropa con el que la lleva, estará bien claro que

**el mundo existe para mi
y yo no existo para ser poseido por el mundo**

La llave de una vida feliz, vivida en el amor y no en el miedo, es la de tener siempre en cuenta que

**somos almas que vienen al mundo
para aprender la lección del ser**

y que el cuerpo es el instrumento de este aprendizaje.

Está por descontado que *la muerte tiene que ver con el cuerpo y no con el alma*. La muerte representa un drama solo si nos identificamos con el cuerpo.

Nos habiamos preguntado como de largo un ser humano tiene que continuar la experiencia sobre su plano. Ahora es simple responder: tiene que continuar hasta cuando él no haya comprendido la enseñanza que aquel plano le ofrece.
Si continua despuès de aquel momento, la vida llega a ser supervivencia, en el sentido de estéril repetición. Puede ser difícil reconocer cuando la enseñanza de un plano ha terminado porque esto parece siempre ofrecer nuevas posibilidades.
Pero, llegados a un cierto punto, una visión profunda, y una comprensión adecuada, muestran que aquellas nuevas posibilidades, en realidad, son viejas.
De hecho el plano es un maestro, y  cuando el maestro ha enseñado todo lo que sabe, no puede ofrecerte nada más.
Entonces, el ser humano consciente de si mismo y de su posición adquirida en su camino evolutivo, dirá:
*aquí no hay nada más que aprender, yo me voy.*

Dicho de manera más precisa todavía: el aprendizaje en un plano
està concluido cuando el sujeto ha comprendido el significado de
aquel plano, porque se ha sentido en sintonía con las leyes que lo
gobiernan y lo hacen funcionar y las ha interiorizado plenamente.
Esto significa que él vive simplemente, respetándolas libremente
y espontaneamente, porque ha comprendido que no sirven para
impedir, sino para permitir.

Ha comprendido que son el camino, donado al ser humano, para
realizar y dar vida a sus propias aspiraciones y a sus propios
sueños en vez de limitarse a imaginarlos. Ha comprendido que las
leyes no crean esclavitud, como creen los espíritus rebeldes, sino
la libertad. Es un argumento delicado y importante. Dedicarnos a
ello nos llevará muy lejos. Pero, puesto que he afrontado este
tema en otro libro titulado *Las leyes del funcionamiento*, sugiero
la lectura a quien desee profundizar.

La comprension de las leyes permite sentir la afinidad con la
benévola inteligencia que es en el origen de las leyes y las ha
creado. Así el ser humano se siente hijo de aquella fuerza que
algunos llaman Vida y otros la llaman Dios.

A aquel punto el individuo está listo para desviar la vista desde el
plano horizontal  y dirigirlo hacia el alto.

Hemos visto que el desequilibrio, y por tanto el conflicto de los
opuestos existente sobre un plano, desaparece subiendo la
escalera vertical del ser. Si se sigue subiendo, se produce la
gradual extinción de cada guerra. Por consecuencia,

**el camino vertical es el camino por la paz**

Jesús lo confirma plenamente cuando dice (Juan 14,27):

**Os doy mi paz.**
**La que el mundo no os puede dar,**
**yo os la doy a vosotros**

*El mundo no la puede dar porque no la tiene.*
No la tiene porque en el plano donde se desarrolla la vida del mundo, aquella paz no está.
Por tanto Jesús nos dice que, para obtener su paz, tenemos que dirigirnos a Él.
Puesto que es más alto que nosotros, esto significa subir.
Subiendo accedemos a un nivel donde su paz existe y nosotros podemos recibirla.

Un nivel de la escala del ser tiene una completa comprensión de los niveles subyacentes y transforma en paz lo que en ellos es guerra.
Para designar la realidad que está en la cima de la escala del ser, a menudo ha sido utilizada la palabra Dios.

Por esta razón  G.I. Gurjeff en su libro *La vida real* afirma que

**Dios es el justo conciliador de todo lo que existe**

En Él todo tiene sentido, su paz y su justicia.

*Dos palabras sobre la relación entre los niveles.*

El nivel  superior  incluye y comprende el nivel inferior.
El nivel inferior no incluye y no puede comprender el nivel superior.
Por esta razón

**casi siempre, cada verdad, procedente del nivel superior,
es combatida en el nivel inferior**

Eso sucede porque el contacto con lo que viene desde lo alto desencadena el miedo de los que nutren apego al propio plano.

Intuyen que

**si recogiesen aquella verdad
nada podría quedarse como antes**

Estarían obligados a cambiar, mientras el cambio es justo lo que no quieren.
Son todavía del mundo y defienden su pertenencia al mundo.

Esto nos hace comprender porque Jesús ha sido puesto sobre la crúz, y porque, sobre la crúz, ha sido capaz de decir:
*Padre perdona a Ellos porque no saben lo que hacen.*
No habiá sido comprendido, pero comprendía.

Pero existe la posibilidad de que un individuo del nivel inferior, entrando en contacto con lo que desciende del alto no lo combata, sino que se quede sin miedo, en una condición de apertura que permite el encuentro. Eso sucede porque está listo.
Ha tenido experiencia profunda de su propio nivel y hay muy pocas cosas que lo tiene atacado a esto. Acepta la posibilidad de que descienda desde lo alto y ve en aquel encuentro un milagro.

Es como un chorro de luz que, a través de una pequeña apertura, entra en un mundo oscuro. En aquel momento la experiencia es tan meravillosa que nada de lo que se conoce puede ser comparado a esta y el individuo que la vive, justamente grita por el milagro.

**El milagro es lo vivido de el que acepta el contacto con un
evento de un mundo superior**

Es obvio que aquel evento, en el mundo superior, no es un milagro sino la normalidad.

En general

**el evento de un mundo
es definido milagro en un mundo inferior**

¿Qué pensaría un antigūo romano si nos presentasemos a la carrera de carros a bordo de nuestro coche?

Aparece claro cuanto es necio intrerrogarse sobre la posibilidad y la existencia de los milagros, con mayor razon si son entendidos como eventos que contradicen las leyes de la naturaleza.
Sin embargo es un tema que ha ocupado un lugar importante en la historia de la cultura occidental. Han sido escritos doctos volumes, en abundantes copias, pero con escaso provecho.
Han sido versados rios de tinta, continuando, como decia G.I. Gurdjieff, a *versar el vacío en la nada*.
Por otra parte si el mundo es solo un plano horizontal, el interrogativo sobre la existencia de los milagros no puede tener ninguna respuesta, o, al contrario habrá dos respuestas diametralmente opuestas que se anularán la una con la otra.
De hecho entre partidarios y contrarios al milagro siempre ha existido, y existe todavía, un conflicto insanable, de manera que cuando se hablan no se entienden y tampoco se escuchan.
La razón de esto, como ya se ha dicho, reside en el hecho de que

**un conflicto irresolvible
tiene su origen
en una insuficiencia del ser**

Sin embargo si se tiene éxito al concebir la idea de que existe la dirección vertical del ser, es fácil  concluir que

**los milagros existen,
y suceden  según las leyes de la vida**

y también que

**los milagros son
la modalidad de comunicación
entre los niveles del ser**

por consiguiente no están en contraste con la naturaleza, pero son prevenidos por ésta.

El malentendido nace porque los milagros están en contraste, no con las leyes de la naturaleza, que por otra parte no conocemos en su totalidad, sino con el parcial y limitado conocimiento que tenemos.

### Los milagros están en contraste con nuestra ignorancia

Esto no tendria absolutamente que ser un problema, sino un estímulo para la búsqueda y la ulterior exploración de la realidad. Intercambiar nuestro parcial conocimiento de las leyes de la vida, con las leyes de la vida en su totalidad, es ciertamente  un acto de ignorancia. Igualmente, intercambiar el pequeño mundo conocido, con el inmenso desconocido, así como atribuir al todo las características de la parte, es un acto de una ceguera notable.

Todos son funcionamientos anómalos de la mente humana que nacen por el miedo y por la necesidad de seguridad, y consisten en sustituir lo desconocido con lo conocido, y lo ilimitado con lo limitado. Pero la seguridad que se obtiene es ilusoria y desemboca en el nacimiento de paradojas y estériles situaciones de conflicto como la que acabo de describir.

Ampliar el argumento de la función del milagro, nos llevaría muy lejos y reclamaría el empleo de conceptos de la física moderna; por esta razón nos limitamos a la única afirmación que

**la fuente del milagro es la luz**

Volvamos al tema de la escala del ser:

**al subir por la escalera del ser
empieza siempre con la visión del milagro**

más especificamente las experiencias en el plano horizontal
preparan para subir, porque permiten iniciar a concebir el alto, y
dirigir la mirada hacia de esto.
A un cierto punto el milagro parece avenir. De verdad no aviene
porque ha estado siempre pero parece suceder porque se ha
abierto a la visión, la capacidad de verlo.
Aviene para el que lo ve por primera vez.

Después, la visión del milagro puede repetirse cada vez más a
menudo de manera que es no solo el principio del subir, sino
incluso la motivación y el estímulo.
Esto explica  la frase de Jesús (Juan 3,3): *si uno no renace desde
el alto no puede ver el reino de Dios*

Pero la visión del milagro puede también ser perdida.
Así como el amor, produciendo coraje y apertura, ha permitido  al
milagro llegar a ser visible y manifestarse en nuestro mundo, de
la misma manera el miedo, y el consiguiente cierre, pueden
hacerlo invisible y hacerlo desaparecer de nuestro mundo.
Esto está descrito perfectamente por el paso del evangelio en el
que Jesús camina por las aguas (Mateo 14,26).

*Al terminar la noche,*
*Jesús fue hacia sus discípulos caminando en el mar.*
*Cuando Ellos lo vieron  caminar en el agua*
*tuvieron miedo .*
*Decian: "Es un fantasma"  y gritaban por el miedo .*
*Pero en seguida Jesús les habló:*
*"Coraje, soy yo, no tengáis miedo".*

126

*Pedro le pregò diciendo:*
*"Señor, si eres tu, ordena que yo venga a ti en el agua."*
*Y El dijo: " Ven!".*
*Pedro bajò desde la barca y caminò sobre el agua andando hacia Jesús .*
*Pero, viendo que el viento soplaba fuerte, fue invadido por el miedo y, puesto que empezaba a hundirse, gritò:*
*"Señor, salvame!".*
*Enseguida, Jesús, le tendió la mano, lo cogió y le dijo:*
*"Hombre de poca fe, ¿por qué dudaste?".*

Los discipulos estan en frente al evento, desconocido y inconcebible, de un hombre humano que camina sobre el agua.

Es un milagro y, sin embargo, lo que para ellos existe, en aquel momento, es solamente el miedo.

Aman a Jesús, pero e*l miedo coge el barlovento sobre el amor*, de manera que no son tampoco capaces de reconocer al maestro.

Jesús los tranquiliza y los invita a no tener miedo, sino coraje.

Pedro tiene éxito y así tiene la visión.

En aquel momento para Pedro

**se abre la puerta de la Vida,
la puerta de una dimensión sin limite ni tiempo
donde lo que existe es la Posibilidad**

El sale del mundo de la sobrevivencia y entra en la vida porque, no solo concibe que se puede caminar sobre del agua, sino puede ver a Jesús que lo hace, y retiene que puede hacerlo incluso el.

El amor es grande y el miedio ausente, y por tanto decide alcanzar al maestro que le dice: "Ven".

El maestro dice "Ven" y el va.

Así se encuentra a vivir al milagro de caminar sobre el agua porque la visión se ha transformado en realidad.

Pedro no solo ha visto, sino ha elegido, decidido y hecho.

Si hubiera tenido fe, en el sentido de que si se mantenia fiel a la visión, habría alcanzado al maestro y estaría donde El estaba.

Este paseo por el agua es un movimiento orizontal desde un punto de vista fisico, pero vertical desde el punto de vista del ser.

Después, pero, cuando un evento esterno hace de manera que el miedo vuelva a cojer fuerza, en un momento, el amor se olvida y la visión desaparece. El nuevo mundo, apenas entrevisto, se disuelve como un espejismo.

Pedro sale del mundo de la Vida y vuelve a aquel de la sobrevivencia y ruega al maestro de salvarlo.

Antes pregaba de caminar por agua, ahora prega de ser salvado.

El pasaje del amor al miedo, de la riqueza a la miseria, de la posibilidad al limite es evidente.

Jesús lo salva, pero lo reprocha: "Hombre de poca fe, ¿por qué dudast?".

Esta ultima frase, gracias a su contesto en que esta insertada, nos hace comprender que la fe no es, como se cree comúnmente, una forma de ceguera que excomunica la discordancia, censura cada duda, y no permite algo diferente de si mismo.

Esa no es fe, sino una mezcla de ignorancia y miedo.

### La fe es la fidelidad a la visión

Es la capacidad de conservar la visión adquirida en un momento de gracia, de milagrosa abertura, y quedarse fieles a esa, sin llegar a ser en poder del miedo, cuando se está en frente de las dificultades.

Si el miedo se hace dueño del mundo de la emociones, la duda se empadronece de la mente y la visión desaparece.

Eso significa que la duda puede destruir la visión, pero no que la fe inibisca la duda.

Simplemente

**la fe no es creencia,<br>
sino visión**

por esta razón

**la fe sobrepasa la duda<br>
porque quien tiene fe, ve profundamente,<br>
y no duda de lo que está viendo,**

al contrario quien no ve, en el sentido de que no tiene fe, duda de todo lo que no ve incluso lo que habia visto antes.

Por esta razón, en las escrituras sagradas de casi todas las religiones, adquirir, perder y reencontrar la fe, es simbolicamente indicado con adquirir, perder y readquirir la vista.

Podemos entonces volver a ver la idea que comúnmente se tiene de la fe, y afirmar que

**la fe no es un creer ciego y obtuso,<br>
sino un ver más allá de las apariencias,<br>
de manera profunda y permanente**

# *Conclusión*

El tema inicial del desequilibrio está servido como pretexto para desarrollar muchas consideraciones, quizás un poquito desordenadas, pero que se desarollan en varios niveles.

Gracias a ellas podemos decir dos palabras conclusivas sobre el desequilibrio aunque si, a este punto, resultan totalmente descontadas.

El ser humano vive sufriendo porque está en el desequilibrio.
Al interno de esta modalidad no hay solución porque cualquier acción, cumplida en el desequilibrio, no podrà que aumentar el desequilibrio.

La solución es sin embargo en un cambio del ser, hacia la dirección vertical que se recorre cuando se busca sinceramente, con coraje e incesantemente la verdad y por amor suyo se pone en juego la propia vida.

Capitulo 7

# *La naturaleza del juego*

# El naturaleza del juego

**El origen de cada cosa es llamada Creador**
**El Creador crea el juego y los jugadores**


El genera a los jugadores de si mismo y, por lo tanto, es el padre.
Los jugadores, hechos de la sustancia del creador, son hijos creados a su imagen y semejanza.
Del padre reflejan la perfección, pero no tienen la total conciencia y comprensión que, sin embargo, pertenecen solo a Él.

Cada uno posee un fragmento de conciencia del todo, y puede evolucionarse, ampliando este fragmento.

**La evolución es la evolución de la conciencia**

Los jugadores, poniendose en juego en el juego, interactuan entre ellos y

**exploran la grandeza de la creación**
**reconociendo la afinidad entre ellos**
**y con Lo que los ha generado**

En el desplegar del juego se reconocen siempre más hermanos y hijos del padre.

El juego los lleva, poquito a poco, a volver al seno paterno, entrando en aquella unión entre ellos y con Él, que corresponde a una comprensión siempre más amplia del todo y de la vida.

El juego es el juego de la Vida, que, en latino, se dice Vita.

**Vita** es una palabra formada por las iniciales de los nombres de los elementos que, en ella, se mueven y se combinan incesantemente:

**V**entus (aire), **I**gnis (fuego), **T**erra (tierra) y **A**qua (agua)

El juego de la vida es un todo, perfecto en si mismo, como aquel que lo ha creado.

Lo podemos imaginar como una esfera de rayo infinito.

Nada puede ser añadido: no se sabria por donde cogerlo.
Nada puede ser quitado: no se sabria donde ir a ponerlo.

El juego no puede ser modificado, puede solo ser jugado.
Pero, puesto que se desarrolla en el tiempo y en el espacio, puede ser jugado a varias velocidades, en diferentes lugares y afrontando las varias fases en orden diferente.

Debe en cualquier caso ser jugado en toda su totalidad.
Por esta razón, aunque si parece que existan muchos juegos, en realidad, el juego es uno solo, desde el momento que todos los juegos forman un único juego.

Entre los jugadores que el creador ha creado existen dos que tienen un rol especial.
Son jugadores como los otros, pero es su rol que es especial.
Ellos son el conductor o el vigilante y el seductor o el saboteador.

El vigilante-conductor es el garante del juego y se empeña a conducir el juego respetando las instrucciónes dadas por el Creador.

Las instrucciónes del juego se llaman Verdad.

134

El vigilante-conductor es maestro de Verdad; el enseña que

**cada cosa es verdad
y que todas la verdades
son una unica verdad**

*Su camino es el camino que lleva a la unidad.*
Paz y libertad son sus frutos.

Sobre cada cosa el conductor intenta evitar la distrucción del juego; en segundo lugar intenta llevar un juego lo más rapido posible, lleno de alegría y amor.

Las virtudes que el manifiesta, y de las que da ejemplo, son: la capacidad de mantener una dirección, la fidelidad a si mismos, la perseverancia y, sobretodo, el amor por la vida, la verdad y el todo.

**El conductor pone en uso el tiempo:
el camino por el  indicado
es el camino hacia la inmortalidad**

El seductor-saboteador tiene como finalidad el impedir el desarrollo  del juego.
El intenta siempre alejar a los jugadores desde las instrucciónes del juego  (Verdad), atraendolos en otras direcciónes hacia la seducción.

El seductor  es maestro de la mentira.

*Su camino es el camino quel lleva a la división.*
Guerra y esclavitud son sus frutos.

Puesto que en la perfección de la creación no existe nada de falso, hay que comprender que

**la mentira  consiste
en el meter una verdad contra la otra**

El seductor aleja al jugador del camino hacia la verdad, haciendole creer en una verdad más gratificante, más verdadera, más bonita, más justa.
Eso, obviamente, es ilusorio ya que la verdad es una, pero, de esa manera, tiene éxito en el generar el rechazo del juego y en el reducir su deseo de participación.

El jugador, así seducido, empieza a sustituir gradualmente la ilusión, con la realidad, la necesidad con el amor, la falta con la plentidud, el placer con la felicidad, la mentira con la verdad, el yo con Dios.
A este punto el juego empieza ir a càmara lenta y la vida llega a ser siempre más sobrevivencia. Continuando en este camino, el jugador crea a su alrededor desarmonia y guerra,  pero la mentira lo llevará a atribuir todo eso a los comportamientos de los otros y no a si mismo.
Se sentirá incomprendido, pero solo porque ha dejado de comprender, no amado, pero solo porque ha dejado de amar, abandonado, pero solo porque ha abandonado el juego.

Pensarà de ser victima de una injusticia porque no viene comprendido, respetado, amado. No seria imposible para el jugador darse cuenta del engaño en el que ha caido: le seria suficiente recordar que Dios no puede no ser justo, no comprender, no respetar, y no amar.

Le seria suficiente analizar de manera imparcial su vida y sus relaciónes para ver cuantas posibilidades esta destruyendo.

Para él es dificil en cuanto justificación, juicio, certezas y convicciónes intervienen a obstacularle la visión de la realidad y, además, el reconocimiento de los hechos más evidentes.

*Es esa la manera con la que el seductor induce a desaprovechar el tiempo.*
Si lo consigue, alcanza su finalidad más grande: la distrucción del juego de la vida.
El camino por él indicado, es portanto el camino hacia la muerte.

Sin embargo esta distrucción no consigue plenamente, puesto que, tambien durante el camino de la muerte, el jugador conocerá a si mismo, volviendo en cualquier caso a la fuente. Simplemente el camino que él ha elegido es más largo y lleno de dolor.

*El conductor y el seductor son, para el jugador, simplemente las calles de una biforcación. La biforcación constituye, en cada instante, la posibilidad de la elección y la elección es la prerrogativa hacia la que se desarrolla la conciencia.*

Tanto el vigilante-conductor como el saboteador-conductor son parte del juego y son ambos totalmente al servicio del Creador.

# Sueño

Este sueño, confiado por una amiga, puede ser un útil testimonio. De hecho, repropone de manera independiente, en el lenguaje de los sueños, intuitivo y simbólico, el tema que acabamos de tratar.

*En el sueño estoy con algunas personas alrededor de una mesa muy grande donde hay un hombre que conduce un juego.*
*El conductor tiene en la mano una hoja donde estan dibujados una estrella y un sol.*
*Enfrente a él hay dos personas: X e Y.*
*Él da lo hoja a X y le pide de observar a la estrella y de describir lo que para ella representa.*
*X habla de la estrella y al final pasa la hoja a Y que está a su derecha. El conductor pide a Y de hablar del sol.*
*Y empieza a hablar del sol, y su descripción transmite a todos los presentes emociones profundas: entusiasmo, calor, alegria y amor.*
*Improvisamente Y es distraìda por una figura que está en la parte posterior de la hoja, y es otro sol. Entonces, siempre hablando, gira la hoja y se inspira a aquel sol, haciendo entre otros notar que lo prefiere a aquello precedente.*

*El conductor, manteniendo una cierta distancia, le gira la hoja y la invita a volver a la descripción inicial.*

*Y se agita y pregunta por cual razón tendría que hacer algo así insensato dado que se trata siempre de un sol, y que ella prefiere el otro. Y, de esa manera, empieza a una polemica insistente y desagradable.*
*Yo la interrumpo diciendole:"no nos interesa ahora esta discusión, a nosotros nos interesa que vuelvas a hablar del sol".*

*Noto como mi frase causa en Y una agitación más grande todavia, que no consigue más pararse y continua, sin más contenerse, su polemica.*

*En el sueño me doy cuenta de estar alejado y de encontrarme pensando a cuanto el mecanismo que acabo de observar, se manifiesta en cada uno, y de cuanto amenudo somos victimas.*

*El conductor se queda en silencio, impasible, y eso provoca en Y una mayor irritación. De nuevo intervengo diciendole que el conductor le ha pedido de hablar del sol, de lo que para ella representa.*
*Ella habia empezado a hacerlo, mientras ahora está mostrando otro sol, que no es aquel del cual tenia el deber de hablar.*

*Le sugiero tambien de observarse, en aquel preciso instante, y de notar cuanto es interesante el mecanismo del perderse en el que todo el mundo frecuentemente cae.*

***Reflexiono:*** *Y ha notado otro sol y se ha reconocido en él, tal vez porque le ha recordado un pasado feliz, o simplemente porque para ella, era más bonito.*
*De esa manera se ha alejado desde el sol inicial para dirigirse a lo que ahora le gustaba más, plenamente convencida de poder expresarse mejor.*

*En realidad ella se estaba ya expresando de manera perfecta, en completa sintonia con la profundidad de su sentir, mientras en seguida, entrada en polemica, habia cambiado aptidud y era entrada, desprevenida y bruscamente, en una energia muy lejana sea desde el sol inicial, sea del que le gustaba más.*

*De hecho cuando Y reempieza a hablar de su sol, no consigue decir nada más y se queda en silencio: seguramente está*

*impreñada por un sentido de injusticia y, no viendo otro, no consigue más a reenlanzarse con su sentir profundo.*
*Lo que ahora la envuelve es una fuerte energia, immanejable, que crea en si misma un sentido de rabia. No queria de ninguna manera sentirlo, porque le crea un insoportable sentido de culpa.*

*Son todas emociones que no consigue dominar, pero que en cualquier caso estan en ella: un simple juego ha conseguido revelarle.*

### Desde fuera el escenario es completamente diferente.

*Por un poquito Y ha estado en el flujo del juego, siguiendo la dirección por si misma libremente elejida.*
*Después, algo fuera de si misma, gracias a una fragilidad en si misma, la ha distraido, seducida y fluida en otra parte.*
*Así se ha olvidado del juego, de la elección hecha, de sus acuerdos con el conductor y con sus compañeros de juego.*
*Esencialmente se ha olvidado de todo, pero lo que es verdaderamente importante es que **se ha olvidado de si misma**.*

*Cuando alguien le hace notar que ha perdido la dirección, ya ella ha producido una grande distancia y no consigue más a sentir y a percebir con la misma modalidad precedente.*
*Y puesto que la ha producida sin darse cuenta, está convencida de que hayan sido los otros los que se han alejado de ella.*
*Se ha olvidado que, hasta un momento antes, estaba serena y feliz porque, mientras hablaba de aquel sol, estaba inspirada porque estaba en total conexión con su propia alma.*
*No ha comprendido que tenía solo necesidad de continuar a quedarse en esta conexión.*

# *Conclusión*

Es verdad que hay muchos soles y que cada ser humano puede tener una preferencia, pero a veces la vida nos presenta juegos o circunstancias, que parecen absurdos o injustos, pero que sirve a *recordarnos de la existencia de la verdad.*

Ella es única, pero nosotros no conseguimos observarla en su totalidad. De hecho la observamos siempre desde un punto de vista: el punto donde estamos. Por eso vemos siempre una pequeña parte, un fragmento. Eso acae siempre a todo el mundo.

Si no podemos ver la verdad, menos incluso, podemos pensar de poseerla. Y, sin embargo, muchos lo piensan.
Lo que sin embargo probablemente poseemos es nuestro punto de vista, nuestra verdad, nuestra parcial visión de la verdad, pero de ninguna manera la Verdad en si misma.
De hecho

### la Verdad es la visión que incluye todo lo que existe

Es suficiente que la visión excluya una sola cosa para no ser más la verdad, sino un punto de vista, amplio hasta que se quiere, pero, siempre y solamente, un punto de vista.

### La verdad que incluye todo lo que es,
### no puede ser contenida en la mente humana

El ilimitado no puede ser contenido en el limite.
El limite puede pero ser continuamente superado y desplazado hacia delante de manera tal que nuestro punto de vista, llegando a ser siempre más inclusivo, se acerque siempre más a la verdad.

Por consiguiente nunca tendriamos que pensar que nuestro punto de vista sea la verdad.

Cometer este error crea una grande cantidad de conflictos con nuestros compañeros y con nosotros mismos. De hecho, entrando en contacto con el punto de vista de otros seres humanos, nos sentimos en desacuerdo y ellos llegan a ser nuestros enemigos  en cuanto negadores de la Verdad.

Son enemigos exteriores, pero el error descrito produce también enemigos interiores. De hecho, nuestro punto de vista no es constante, sino mudable, de manera que nos sentimos en desacuerdo con los puntos de vista que hemos asumido en pasado y que asumimos en circunstancias diferentes.
Y así

*la idea que la Verdad  puede ser poseida,*
*produce división entre los seres humanos*
*y en cada ser humano*

Podemos concluir que

*cada punto de vista es verdadero*
*pero no es la Verdad*

Mirando las cosas y los eventos del mundo podriamos decir

*no existe ninguna Verdad*

De esa manera, el concepto esta expresado de manera negativa, pero puede ser reformulado en terminos afirmativos, y portanto operativamente más utiles, diciendo

*todo lo que existe es verdad*

Una buena similitud es la que compara la Verdad con un diamante.

El diamante tiene muchas facetas que pero no pueden ser vistas contemporaneamente.

En todos los ángulos es posible obtener un punto de vista, ver una faceta.

Cualquiera sea la faceta que estamos observando, lo que  vemos es el diamante, pero no todo el diamante.

La visión de todo el diamante puede ser construida de nuevo uniendo las visiónes de todas las facetas.


*Nuestra partecipación al juego de la vida reclama por tanto:*

- **Desarrollar las actividades que permiten condividir nuestro punto de vista con las otras personas**

- **desarrollar la receptividad que nos permite de recoger y hacer nuestros, los puntos de vista de los demás**

- **producir la comprensión que es la capacidad  de hacer la síntesis de los puntos de vista fundiendolos en una unica visión. La cuál, ampliandose con el tiempo, se acerca siempre más a la visión global, o sea, a la Verdad.**

Capitulo 8

# *Aprender através de los sueños*

# Aprender através de los sueños

*¿Es posible aprender através de los sueños?*

El ser humano moderno atribuye a los sueños una modesta importancia. Ve en ellos fantasías, a veces divertidas a veces inquietantes, que pero tienen siempre escasa conexión con la realidad. El hecho mismo de que en el sueño sucedan cosas imposibles no es leido como un estìmulo para explorar nuevos caminos, sino como un ulterior confirma de su propia irrealidad.

El interes a los sueños surge cuando, siguiendo la tradicción popular, se le atribuye la capacidad de conjurar desgracias, de atraer a la suerte, realizar victorias.

En el cotidiano, el sueño, se queda pobre de utilidad y significado: se recuerda por un instante en el momento del despertar, pero después, la vida continua sin tenerlo en cuenta y, de esa manera, se olvida definitivamente.

Las ciencias se han dedicado al sueño intentando investigar los aspectos psíquicos y fisiologicos.
Los conocimientos obtenidos son importantes y las teorias elaboradas numerosas, todavia, por su naturaleza, conciernen más la función que el significado, y por consiguiente nos ayudan muy poco en el dar una respuesta a nuestra pregunta.
La convinción de que los sueños sean elaboraciónes fantasiosas, carentes de utilidad practica, nace en la Antigua Roma por el caracter fuertemente pragmático de la cultura del tiempo.

Además tenía tendecia a ver en los sueños, y un poco en todo lo que era abstracto, una amenaza para el imperio.

Durante los tiempos mas antiguos o en otras areas geográficas, a diferencia, se atribuía grande importancia al sueño que tenía un lugar de honor en el arte, en las leyendas, en los mitos y en las religiones.
El sueño a veces contenía la premonición de los eventos futuros, otras veces era interpretado como un encuentro con los difuntos, con los antepasados, o con los dioses, que, de aquella manera, manifestaban a los seres humanos, la propia voluntad.

En la Biblia la importancia de los sueños es grandisima y amenudo son los ángeles a entrar en contacto con el ser humano.
Particularmente significativas las dos apariciones en sueño a Josè: la primera vez para exhortarlo a no temer para casarse con Maria, la segunda para ordenarle de huir a Egipto con la esposa y el niño.

Muchisimos son los casos de artistas y cientificos que declaran haber soñado sus obras y sus descubrimientos.
El escritor R.L. Stevenson vió en sueño su famosa novela: *El bizarro caso del doctor Jekyll y del señor Hide.*

Schumann y Wagner tuvieron en sueño las intuiciónes y las ideas musicales de las que nacieron algunas composiciónes suyas.
El cientifico ruso D. Mendeleev contempló en sueño su famosa *tabla periódica de los elementos.*

No citaremos otros ejemplos, dado que la lista de los sueños importantes de los cuales existe testimonio en la historia es inmenso. Las fuentes no faltan, y quien quisiera aprofundizar, puede hacerlo facilmente.

Observamos solo que desde los testimonios emerge la idea de que hayan sueños capaces de imprimir una nueva dirección e inesperada en situaciónes individuales, colectivas y hasta en la historia.
Muchos sueños proveen indicaciónes providenciales en situaciónes de peligro, otros abren puertas normalmente cerradas, otros todavia ayudan a concebir lo inconcebible.

En el Talmud hebreo se afirma que *no interpretar un sueño es como no leer una carta importante para nosotros dirigida.*

En el libro *El profeta* del escritor libanés K. Gibran leemos: *confiad en los sueños porque en ellos se cela la puerta del eterno.*

Se trata de afirmaciónes significativas que ven en el sueño algo precioso y le atribuyen un rol central en la existencia humana. Son pero estériles si se quedan confinadas en el ámbito de la teoria y de la cultura, dejando que el sueño sea practicamente inutilizado.
Es sin embargo importante, conseguir darles un significado existencial, concreto y operativo, de manera que todos los sueños se transformen en una tangible oportunidad para nuestra vida.

La misma consideración se aplica en cualquier respuesta dieramos a nuestra pregunta inicial.

¿cómo verificarlas de manera que se llene de un significado real, no solo teorico, sino útil a la vida?

¿cómo evitar que sea solo un conocimiento que produce otro conocimiento, un saber el cuyo valor nace en el mundo del saber y se concluye, siempre y solamente, en ese mundo?

Cuando un conocimiento termina en la perspectiva del conocimiento, está muerto.

Si pero viene *verificado y vivificado* por la experiencia, entonces vive y llega a ser capaz de estimular y generar nuevos conocimientos y experiencias.

Es oportuno portanto que nuestra pregunta, abstracta  y general, se haga directa, practica y personal, de manera que se exiga una respuesta experiencial.

La reformularemos así:

*¿puedo <u>Yo</u> aprender de <u>mis</u> sueños?*

Si comienzo a hacerlo y lo hago intencionalmente, repetidamente y constantemente, entonces, y solo entonces, puedo dar una respuesta afirmativa.

La respuesta obtenida

**es verdadera para mi y es verdadera en mi vida:**
**es mi verdad**
**porque es un punto de vista por mi experimentado**

Una vez verificado que Yo aprendo de los sueños, estoy autorizado a concluir que es posible aprender por los sueños.
Tambien esta conclusión es pero exclusivamente mia: tiene importancia para mi y no para las otras personas.

No es una precisación inútil porque, en el ser humano, la tentación de absolutizar su propia experiencia es muy fuerte y es la causa de incontables tipos de violencia.

150

Es importante no caer en el error de considerar **La Verdad** lo que es simplemente **mi verdad**.
Si lo hiciera, tendría que considerar **enemigos de la verdad** los que no han vivido mi experiencia y debería emprender y **combatir una cruzada por la Verdad.**

Si otra persona retiene haber hecho suya mi verdad, se engaña porque aquello de que se ha apropiado no es mi verdad, sino solo la teoria que está en el origen.
Para transformar esta teoria en una verdad suya tiene que hacer también el, un camino de experiencia y de verifica.

En las proximas paginas, me propongo de describir el camino que he hecho para responder a la pregunta: ¿ puedo Yo aprender de mis sueños?

Eso constituye solo un ejemplo. Otras personas pueden traer inspiración para un proprio camino que podrá haber modalidades muy diferentes también y, tal vez, algún aspecto en común.

La busqueda esperimental de una respuesta a esta pregunta es para mi desarrollada, y se desarrolla, en tres fases:

*Fotografar el sueño,*
*Recordar, enlanzar e interpretar*
*Descubrir el significado*

**Fotografar el sueño**

Si el sueño es olvidado, dificilmente podrà ser recuperado. De hecho,  aunque si en seguida vuelve a la mente, muchisimo está perdido.
El primer objectivo es el de fotografar el sueño, es decir,  fijarlo, conservarlo y preservarlo en su integridad. El recuerdo es vívido en el despertar, después del cual degrada rapidisimamente.
Por esta razón es importante tener sobre la propia mesilla de noche una libreta de apuntes o una grabadora, y apenas despiertos, antes de cumplir cualquier acción, escribir o grabar.
Al principio es fácil olvidarse y permitir que la atención se diriga automaticamente a otra cosa, pero, en seguida, con la costumbre, llegará a ser mucho más fácil evitarlo.
El sueño tiene que ser descrito de manera más fiel posible, resistiendo a la tentación de resumir o de descartar algunos particulares que parecen irrelevantes.
En esta fase no debe ser interpretado, sino solo fijado con la maxima precisión.
Si ha sido ejecutada una grabación audio, es importante, lo antes posible, transcribirla.
Una razón resiede en el hecho de que, escribiendo  se abquiere mayor conciencia de los contenidos; otra es que el documento escrito será un valido utensilio de trabajo.

**Recordar, enlanzar y interpretar**

Es útil llevar el documento consigo durante la jornada de manera que se tenga la posibilidad de volver a leerlo.

Como mínimo tendrá que ser vuelto a leer por la noche, inmediatamente antes de dormirse.

Durante la lectura podrán salir a la luz nuevos particulares, o emerger connexiónes con otros sueños o echos reales de la vida más o menos recientes, a veces olvidados desde hace mucho tiempo.
A un cierto punto sobrevendrán intuiciónes sobre el significado de algunos particulares: son interpretaciónes fragmentarias que se ampliaran  progresivamente.

Eso muestra que el sueño, en el inconsciente, vive una vida suya y tiene una maduración, un revelarse progresivo, que es más rapido cuanto mayor es la atención que recibe durante nuestras reflexiónes cotidianas.

En el tiempo se asistirà al nacer de una o más interpretaciónes de todo el sueño.
Todo lo que emerge tiene que ser añadido fielmente en el documento.
Cuando volveremos a leer el escrito en diferentes momentos, veremos a nuestras interpretaciónes  cambiar, desvincularse de los acondicionamientos, por las creencias, afinar, adquirir libertad y juntarse.


**Descubrir el significado**

Las interpretaciónes, fundiendose,  y perfecciónandose, llegaràn a formar un todo organico muy explícito y muy esencial.
Cuando eso constituye

**un mensaje que habla profundamente de nosotros
y que sentimos con todo nuestro ser,
hemos descubierto el significado del sueño**

No es claramente un significado immutable sino un significado actual que nos muestra exactamente nuestra posición y nuestra orientación en la vida.

Nos hace ser concientes del lugar hacia el cual estamos yendo y nos pregunta si es allí que queremos ir realmente.

Por otra parte es esta la **función del sueño**:


**reclamarnos a nosotros mismos,**
**mostrarnos los escenarios posibles para nuestra vida,**
**poniendonos en frente de la posibilidad**
**de la elección y del cambio**


En sustancia el sueño tiene una finalidad evolutiva y de liberación porque nos empuja hacia elecciónes de vida concientes.

El resumen de las tres fases descritas constituye un documento, al que podremos dar un nombre que lo individua y lo renda disponible en momentos sucesivos de nuestra vida.

Los documentos relativos a varios sueños podrán ser recogidos en un *diario de los sueños* que se revelerá valioso.

Con la finalidad  de dar un ejemplo de la modalidad de trabajo ilustrada, he sacado de mi *diario de los sueños* el documento titulado *Renacimiento* que cito a continuación.

Puesto que se refiere a un trabajo durado algunas semanas, ha sido resumido en sus fases esenciales, descuidando la cronologia y todos los pasages intermedios.

# *Renacimiemto*

## Fotografar el sueño

Es domingo por la mañana y son las siete. Estas observaciónes son la fotografia de un sueño muy claro apenas hecho.

En el sueño encuentro a un chico que toca la guitarra y me pide consejos para llegar a ser un guitarrista jazz.
La impresión que me da es muy buena, sin embargo el diálogo con él se revela, desde el principio, más bien difícil. Parece sumergido en su mundo: un mundo con pocas aberturas, caracterizado por emotividad y por un estado de inquietud y de tristeza.

Hay un cambio de escena. Estoy sentado en la mesa de una sala de reunión. En frente de mi se sienta el chico mientras a los lados hay otras personas, doce para la precisión. Estamos allí juntos para afrontar el problema del chico y dar una respuesta a sus preguntas.
Él empieza con una pregunta confusa, referida a detalles de escasa importancia.

Empiezo a responderle con el propósito de construir un recorrido amplio, que enlace los varios aspectos de la cuestión propuesta, para llegar después al corazón del problema y por tanto elaborar con él una respuesta.
He dicho solo algunas palabras cuando me interrumpe con otra cuestión, confusa como la antecedente y igualmente irrelevante.
Me parece que tenga una cierta inquietud, un trastorno de la atención y una gran dificultad de escucha.

Los presentes están perplejos y un poquito interesados: está claro para todo el mundo que, de esa manera, no se va a nigúna parte.

Le pregunto si se siente capaz de escucharme en silencio durante un cierto tiempo, siguiendome atentamente, incluso cuando le parece que lo que digo no tenga relación con lo que el quiere saber.
Me responde afirmativamente y, de hecho, respecta el compromiso.

Empiezo hablando de la importancia de la claridad, de su origen y de cómo obtenerla.
Sigo hablando de la eficiencia y de la importancia que la claridad aporta a nuestras acciónes y del hecho de que una finalidad clara y estable imprime una dirección a nuestro hacer, lo valoriza y produce una orientación sólida de la vida.
Después de haber desarrollado a estos temas difusamente, concluyo sosteniendo la necesidad de llegar a elaborar un programa de acciónes claras, concretas, bien detalladas y planificadas, aunque si, obviamente, siempre modificables.

Al final me parece que la explicación haya sido eficaz, tal vez porque se ha desarrollado de manera que no se haga nunca recurso del instrumento de la negación.

De hecho, ha empezado con un plano muy abstracto, después del cual ha recogido cuantos más aspectos posibles, asignando a cada uno su colocación, reconociendo su importancia y su significado.
Luego ha bajado más veces de nivel a nivel, entrando siempre más, en lo concreto.
Cada dificultad de comprensión o desacuerdo, exprimida por las personas, ha sido recogida y reelaborada gracias a referencias apropiadas y simples ejemplos.

Al final se percibe

**una total  sintonia del grupo y de los presentes,**
**como una unica vibración**
**mientras  una gran armonia reina en el ambiente**

Eso me permite de recoger las contribuicónes, las ideas y las propuestas individuales. El todo sucede en paz y en la más grande serenidad ya que

**nadie siente de deber demostrar nada a nadie**
**y no existe la necesidad de prevalecer**
**con respecto a los demás**

Es la consecuencia del hecho de que todo el mundo, de manera total y prioritaria, se ha casado con un propósito de ayudar al chico  de modo que

**cualquier miedo, inseguridad o juicio**
**ha desaparecido porque se siente como irrelevante**

Esta situación hace posible la elaboración de un programa  muy práctico y concreto, totalmente elaborado y condividido por los presentes.

Eso aporta solidez, concreto y realidad a todo el trabajo hecho.

Conclusa la redación del programa, de repente e inesperadamente, se produce

**un largo silencio, muy rico e intenso,**
**un sentido de comprensión y condivisión,**
**de unión y de integridad, como si todos juntos**
**constituyeramos una única persona**

Está claro para todo el mundo que se ha creado un punto de partida y que estamos al principio de una nueva posibilidad, un nuevo camino.

A este punto me despierto.


## Recordar, enlanzar e interpretar

Durante los dias y las semanas siguientes se me ha hecho, cada vez más claro, que los dos protagonistas del sueño representaban a mi mismo: el chico mi parte confusa, inmersa en el cotidiano y en el flujo de la vida, y el otro, la parte madura, más enlanzada con el verdadero significado de las cosas.

Un pasaje importante, sucedido después de muchos dias, ha sido cuando ha emergido la conciencia de como una parte puede conducir la otra o sea del hecho de que

**nosotros podemos ser maestros de nosotros mismos**

Obviamente la musica simbolizaba la vida y el tocar la guitarra Jazz representaba una de las infinitas maneras de vivirla.

En sustancia la sugerencia del sueño era el de enseñar a mi mismo, para mi vida, lo que en el sueño habia enseñado al chico por la musica.

¿Como no aceptar esta sugerencia?

En el sueño habia sugerido al chico:
*Examina tu condición, tu estado y tus aptitudes que aplicas en tu vivir.*
*Preguntate: ¿continuar de esa manera dónde lleva?*


158

*Hazte la pregunta esencial: ¿cúal es mi finalidad?*
*¿qué es verdaderamente importante para mi?*

*Produce un camino para transformar tu condición y hacerla evolver en armonia con la finalidad, para mover tu vida de donde está hasta donde querrías que estuviese.*

## Descubrir el significado

Después de un tiempo más bien largo, han emergido, con claritud, desde el interior de mi mismo, las respuestas a las sugerencias del sueño.

Examina tu condición, tu estado  y tus aptitudes que aplicas en tu vivir.
*Preguntate: ¿continuar de esa manera dónde lleva?*

La mia es una condición de parcial desorientación en el que amenudo pierdo la presencia y me olvido de mi mismo.

Es este un estado de fragilidad que me hace a vèces caer en una profunda desilusión por lo que acae en el mundo y por el sufrimiento que veo,  en cualquier parte, siempre más, incluso en las personas  cercanas. Todo eso abre el camino a momentos de tristeza y a emociónes y pensamientos negativos. De esa manera amenudo las acciónes llegan a ser poco concluyentes y el tiempo corre de manera improductiva.
Es una grieta en mi integridad que podria abrir, siempre más, al camino hacia el negativo y debilitandome ulteriormente.
En el origen de este etado está el hecho de que, para varios episodios, me he sentido profundamente y violentemente golpeado en algunos de los bienes más importantes de mi vida. No he conseguido evitar vivir el todo como a una injusticia, alimentando, al mismo tiempo, las preocupaciones para el futuro.

Se trata de actitudes dañosas, que en vez de ayudar a comprender los problemas, contribuyen a agravarlos. Son parte de aquellas aptitudes victimistas que parecen cariñosas, mientras en realidad no lo son. De hecho nos hacen fragiles y necesitados y, por consiguiente, incapaz de dar apoyo.

*¿Cómo puede dar apoyo una persona que piensa en si misma como la que tiene necesidad de recivirlo?*

**El amor verdadero nos empuja a levantarnos,
porque, solo así,  podemos ser útiles a quien queremos**

De este modo, apoyando al otro, apoyamos a nosotros mismos, y, apoyando a nosotros mismos, llegamos a ser siempre más capaces de ayudar al otro. Eso significa que

**más grande es nuestro amor,
más grande tiene que ser nuestra fuerza**

Otro aspecto de mi estado actual es que, mientras estoy en esta condición que podria definir parcialmente pasiva, las intuiciones y las percepciónes sutiles no han minimamente disminuido.
Eso significa que, puesto que no son minimamente transformadas en realidad, acae que mi estructura resulta obstruida.

*Preguntate:¿continuar así donde lleva?*

La respuesta es simple y precisa: lleva a precipitar siempre más en el pantano de la tristeza y de la impotencia.

*Hazte la pregunta esencial: ¿cuál es mi finalidad?
¿qué es realmente importante para mi?*

160

Mi finalidad es el bien. Mi bien, el bien de mi familia, el bien de los que me rodean, el bien de todo el mundo.

El deseo de un bien tan vasto para poder incluir a todos, no puede ser cultivado si no en conexión con la fuente misma del bien. A esta fuente normalmente viene dado el nombre Dios.

La finalidad es por tanto vivir en contacto con Dios en la óptica del bien común.

En terminos prácticos: ser al servicio de la vida y del bien común.

*Produce un camino para transformar tu condición y hacerla volver en armonia con la finalidad, para mover tu vida de donde está hasta donde quierrías que estuviese.*

El camino consiste en el abandonar los pensamientos de no aceptación, egocéntricos y victimistas, y sustituirlos con pensamientos siempre constructivos y perennemente dirigidos al bien común.

Son pensamientos que mueven el baricentro desde el vivir, del yo hasta el nosotros, porque reconocen la presencia de una inteligencia superior que conduce la vida. De este modo, cada miedo desvanece, el drama individual pierde significado y lo único que importa es ocupar lo mejor posible el lugar que le corresponde en el mundo.

Es un lugar que prevee, verticalmente la conexión con el alto, y, orizontalmente, la conexión con las otras personas.

Elegir este camino y seguirlo con perseverancia significa renacer. De hecho transforma mi condición actual y la hace volver en armonia con la finalidad del bien común al que profundamente aspiro. La elección que hago ahora, exactamente en este instante, de manera total y sin reconsideraciónes, para mi mismo y para los que amo, se llama

## *Renacimiento*

Capitulo 9

# *Carta a un pequeño diablo que vive en mi mismo*

# Carta a un pequeño diablo que vive en mi mismo

Querido amigo,

te has refugiado en un aspecto escondido de mi ser, en la superficie de lo que yo soy, y allí te has creado una realidad hecha de oscuridad, frio y soledad.

Has construido un infierno cerrado y sin esperanza, pero delimitado y conocido y, por consguiente, según tu opinión, seguro.

Lo has preferido a un paraíso sin limites, para vivir en el cual, era necesario exponerse a un amor grande y inconcebible.

*Quiero que tu sepas que Yo no soy diferente de ti.*

A la Inteligencia, desconocida y amorosa, que muchos hombres llaman Dios, he preferido, en el miedo, una pequeña identidad, un rol, una casa y una historia, en la superficie de la criatura que responde al nombre de Tierra.

*Como ves, somos hermanos,*
*y, como Yo no soy un invitado indeseado en este planeta vivente,*
*tu no lo eres para mi.*

No eres a una amenaza para mi alma, ya que

**la superficie mortal
no tiene poder en el centro inmortal**

Sin embargo tengo que admitir que tu presencia me ha creado no pocas dificultades.

De hecho tu eres *el rechazo* en mi, del cual nace *cada mio "no" dicho a la vida.*

**Tu eres el grande limite
del cual originan todos los limites**

Estás en el origen de cada mio miedo, incapacidad, desconfianza, insuficiencia, ignorancia, victimismo, lamento, mezquindad, doblez, hipocrisía, falsedad, división, traición, enemistad, guerra…

En una sola palabra, eres *la obscuridad* dentro de mí.

Las dificultades que he vivido en mi existencia son las manifestaciónes, visibles y concretas, de tu presencia y de los limites que tu negación del vivir continuamente me impone.

**Los limites son los confines que cierran
nuestra riqueza inutilizada,**

son esquemas de supervivencia que, generados por el miedo, bloquean y encapsulan grandes cantidades de energia vital.

Cuando el límite desaparece, la concha se rompe, y la energia del amor fluye libera.
La vida recomienza a fluir.

## Es a las expensas de los límites que la conciencia progresa

*Los límites son, por consiguiente, preciosos, porque representan las potencialidades.*

Existen para ser sobrepasados y no para ser combatidos.
Es en el sobrepasarlos que se amplia la conciencia y se realiza la posibibilidad de renacer continuamente.

### ¿Que sería la vida sin límites?

Sin límites no habrían ni corage, impulsos, desafíos, pasiónes, aventuras.

Todo eso me permite de reconocer que las dificultades que tu me has creado en el tiempo, han sido para mi las más grandes posibilidades de aprendizaje, las lecciones más preciosas.

Por esta razón, ahora veo en ti, no más un peligro o un obstáculo, sino a un hermano y sobretodo a un  maravilloso maestro.

### Ahora, Maestro, quería hablarte de nuestro futuro.

Gracias a ti he podido crecer y las dificuldades que tu me has puesto en frente, y con las que me has medido, me han entrenado, destruyendo algunos límites mios y transformando muchos de mis miedos.

He comenzado a conocer la abertura, la aceptación, la compasión y el amor.

Es atravês de la nueva abertura que rayos de luz, calientes y luminosos, han empezado a alcanzarme.

Ahora, siempre más amenudo, consiguen penetrar en mi interno y alcanzar el centro, donde están formando un *sol interior* que irradia hacia la superficie.

Entonces tengo que comunicarte que, en la pequeña esquina obscura y gélida, que has elegido como morada,

**hará pronto mucho calor  
y la luz se pondrá muy intensa**

Como ves, tu rechazo de la vida, produciendo mi dificultades, ha creado mi apertura.

Por medio de aquella apertura se ha producido el contacto con la luz que ahora se presenta a ti como tu dificultad.

**Un grande maestro  
es el que sabe transformarse  
en alumno de su alumno**

Tu eres seguramente, y entonces, te propongo de cambiarnos los roles.

***Ahora, como maestro tuyo,  
quería decirte que estás enfrente a una bifurcación.***

Puedes transformarte para recivir la luz, ya que estaremos juntos y continuaremos nuestro camino o, sin embargo, puedes insistir en tu rechazo.

En este último caso la atmósfera caliente y luminosa, llegará a ser muy pronto intensa y sofocante. No soportandola, elegirás de irte.

*Es duro ver al proprio maestro alejarse!*

La partida del maestro es su última y más grande enseñanza, lo que nos dice que estamos listos para caminar independientemente.
Pero, maestro, sabemos ambos que no es una separación definitiva.

Un dia, no se cuanto lejos, transformados, nos reconoceremos totalmente y recíprocamente. Comprenderemos que somos el uno el exacto completo del otro: dos mundos, absolutamente especulares, que solo en la total unión y fusión descubren su propio significado y encuentran su proprio destino.
Así

**nos reencontraremos,**

**almas gemelas,**

**en frente de una puerta estrecha,**

**listos para sobrepasar el umbral**

# juntos

# Capitulo 10

# *El señor X*
# *y*
# *el tablero*

# El señor X
# y
# el tablero

Quién es el señor X nadie lo sabe, y nisiquiera él lo sabe, pero querría tanto saberlo. Amenudo contempla su imagen en el espejo y pregunta:

**¿quién eres? ¿quién soy Yo?  ¿quién es este X?**

$$X = ...?$$

**Es la ecuación de su vida y él está firmemente convencido a resolverla.**

Apenas venido a la tierra, X empezó a mirarse alrededor y a moverse siguiendo la curiosidad.

Sus exploraciónes lo llevan a descubrir un mundo poblado por numerosas criaturas, ningúna de las cuales era igual a la otra.

Cada una vivía en el interno de un pequeño cuadrado y aquello era para ella su universo, su todo.

Todos los pequeños cuadrados formaban un grande tablero.

X deseaba relacionarse con los seres tan diferentes a él, algunos de los cuales eran chicas, además guapísimas.
Como hubiera sido agradable encontrarlas, vivir sus vidas, fusionarse con ellas!
Esta grandiosa perspectiva, para la inmensa libertad y felicidad que prometia, lo asustò.

Por el miedo, su mente se retiró y empezó a formular pensamientos muy pequeños: ***pensamientos de rechazo y de negación.***

En los dias siguientes, todas las veces que pensó a aquellos seres maravillosos, los consideró como una realidad lejanas e inalcanzable, una realidad de la cual se sentía separado y de la cual que, talvez no se retenía tampoco digno.

En seguida no pensó más.

Interiormente, pero, se sentía privado de algo.
Era huérfano y infeliz.

De esa manera contempló su infelicidad y intentó comprenderla.

Fue un mágico inicio, porque, gracias a este deseo de conocerse, mil otros aspectos de sí mismo empezaron a emerger.

Desde entonces, muchas verdades afloraban cada dia, pero una lo sorprendió con la claridad de un rayo:

### él también vivía en un pequeño cuadrado

Aquel pequeño cuadrado era su mundo, su realidad, su riqueza, pero también, su pobreza y su prisión.

Una intuición lo alcanzó con fuerza:

**para entrar en otro mundo
se debe salir del propio**

De esta manera empezó a imaginar algunos recorridos que iban desde su pequeño cuadrado al de las criaturas que más le interesaban.

Durante mucho tiempo se divertió a proyectar e imaginar viajes de cada tipo, pero, después, al final, la cosa llegó a ser aburrida y estéril.

Un dia, pero, se dió cuenta, con estupor, que estaba caminando, hace muchas oras, en un territorio desconocido.

No estaba en su pequeño cuadrado y no se veía ninguna alma viva:

***estaba en la tierra de nadie***

No tuvo miedo y continuó, tanta era la curiosidad.
Por la noche volvió a casa cansado y feliz:

***había hecho su primer viaje***

Una sola palabra hinundaba su mente:

# Experiencia!

De ese dia, vivió cada viaje que soñó.

***Descubrió*** que amaba los encuentros, y que el amor, fluyendo desde un ser a otro, crea la vida.

***Comprendió*** que el tablero es la vida universal, y los pequeños cuadrados son las pequeñas vidas individuales.

*Supo* que había nacido para el tablero, y no para el pequeño cuadrado, ya que, dejarse en un pequeño cuadrado, significaba excluir la vida mientras él quería incluirla totalmente.

*Viajo y viajò*; hizo incontables encuentros y vivió muchas historias de amor y, gradualmente, empezó a darse cuenta de que

**cada experiencia aumentaba en sí mismo
el amor por el tablero**

Cuando este amor crecía, el veía

**el miedo desaparecer y la sabiduría prosperar**

hasta que, un dia inolvidable, se recordó quién era:

**él era el constructor del tablero!**

*Recordó,* de esta manera, el ***significado profundo de la vida***.

Para descubrirlo había venido al mundo, había aceptado desafíos y sufrimientos, había viajado, buscado, luchado, experimentado incesantemente.

**Ese significado era el amor:** *el amor por cada cosa  y cualquier persona, por todo lo que es, por esa existencia universal, desconocida y sin límites, que muchos hombres llaman Vida y muchos otros hombres llaman Dios.*

*Se dió cuenta*, por la primera vez, que ***universo*** significa ***dirigido hacia el Uno***, porque es como una flecha que ambiciona eternamente hacia ese ***Todo-Uno*** que es el principio y la causa, pero también el final y la finalidad, de cada cosa que exsiste.

***Percibió*** que el amor, que venía de él y iba hacia el Uno, regresaba del Uno hacia él en forma de *amor para sí mismo*.

En ese instante, de repente,

**se sintió profundamente amado**

La ecuación, al fin, era solucionada:

$$X = Amato$$

Nota del traductor: *Amato* es el nombre del autor. Es un nombre italiano que, en español, se traduce *Amado*.

## Conclusión

*Esta es la historia de mi vida, pero es la historia de cada vida puesto que las infinidas vidas individuales son una unica vida universal.*

*La ecuación es siempre la misma, pero, para cada uno la solución es diferente.*

*Cada hombre puede encontrar el resultado de la X que resuelve la ecuación de su vida e le permite de reconocerse y de reconocer el significado y el sentido de su existir.*

# Indice

Finito di stampare nel mese di Aprile 2016
per conto di Youcanprint *Self-Publishing*